仲間と楽しむ中国語

井上貴仁 著

白帝社

はじめに

　このテキストは，はじめて中国語を学ぶ人たちのために編んだものです。
　ここ数年，学生が短時間で分かりやすくて楽しく学べて，すぐに達成感が得られる授業を実践してきたテキストです。

　このテキストの最大の特徴は，学生が主体で，学生同士が会話できるように，本文も会話練習も簡潔かつよく使う文で工夫をしました。学生諸君，仲間と発音練習や簡単な会話をしましょう。仲間との学習によって，学生が先生や仲間との信頼関係を築き，仲間と共に学ぶ中で，モチベーションを高め，変化・成長していくに違いはありません。

　テキストは発音編と10課からなっています。発音編は基本的発音の習得，第1課から第10課までは基本的文章表現の習得をそれぞれの目的にしています。

　第1課から第10課までの具体的な構成は次の通りです。
　「本文」学習者が楽しく勉強しやすいように，できるだけ簡潔にし，暗記可能な短い文章に仕上げました。
　「ポイント」文章表現をできるだけわかりやすく解説し，学習者が理解しやすく，覚えやすいように工夫しました。
　「会話練習」この部分がこのテキストの最大の特徴です。学生同士は会話ができるように，その課に沿った暗記可能な短い会話文に仕上げました。つまり，短時間で分かりやすくて楽しく学べて，すぐに達成感が得られるように工夫をしました。
　「練習問題」基本的に中国語の簡体字を書く練習と文法の習得を目標にしています。

　また，先生方がこのテキストをご使用になる際，特に次のようなことにご留意いただければ，このテキストの学習効果をよりよく引き出せます。

　90分の授業で，先生は15分程度を2回に分けて発音や文法の説明をします。学習者に練習するチャンスを出来る限り多く与えられるため，説明をした後，3〜4回以上発音練習(約7分程度)をしましょう。それから，学生が各自で3〜4回発音練習(約3分程度)をし，仲間と単語や簡単な会話等の練習(約8分程度)をします。仲間と単語や簡単な会話等の練習をする時，雑談に見えても，コミュニケーションを取っているのでそれでよしにし，タイミングを見計って次へ進みましょう。仲間との学習によって，学生が先生や仲間との信頼関係を築き，仲間と共に学ぶ中で，モチベーションを高め，変化・成長してい

くでしょう。

最終的に，先生がその日に練習した部分のテストをします。テストは先生がしてもいいし，学生同士ペアで行われてもいいです。なお，上記の時間は一応ご参考までですので，現場の状況に応じて使っていただきたいです。

　学生諸君，付属のCDを併用することで中国語会話力のアップがはかれるので，CDを活用しましょう。
　このテキストが多くの方々の中国語学習の手助けになれば幸いです。
　このテキストを執筆するにあたり，白帝社の伊佐順子さんをはじめ，多くのスタッフに大変お世話になったことを衷心より感謝申し上げます。

著　者

品詞表示：

名：名詞	動：動詞または動詞性の句	助：助詞	形：形容詞
代：代名詞	数：数詞	量：量詞	副：副詞	接：接続詞
前：前置詞	接尾：接尾辞	疑：疑問詞	感：感嘆詞	接頭：接頭詞

目　次

はじめに
発音編
発音編（一）　中国語の音節構造　　単母音と特殊な母音 "er" ……… 11
　　　　　　　声調と声調符号　　声調符号のつけ方
発音編（二）　複母音　　鼻音（-n,-ng）を伴う母音 ……………………… 15
発音編（三）　子音 ………………………………………………………………… 20
発音編（四）　総合練習　　声調変化　　アル化音 ………………………… 25

课堂用语（教室用語） ………………………………………………………… 29
中国語音節表 …………………………………………………………………… 30

本文編

第 1 课　你喝咖啡吗？ …………………………………………………………… 34
　　　　1. 動詞述語文
　　　　2. 人称代名詞
　　　　3. 選択疑問文
　　　　コラム　中国の新語と外来語

第 2 课　我去超市买东西。 ……………………………………………………… 39
　　　　1. 連動文（その1）
　　　　2. 反復疑問文
　　　　3. 省略疑問文 "呢"
　　　　4. "也" の用い方
　　　　5. 想
　　　　6. 要
　　　　7. 疑問詞 "什么" を用いた疑問文

第 3 課　我是日本人。··· 45
　　　1. "是" を用いた判断文
　　　2. 構造助詞 "的"
　　　3. "姓" と "叫"

第 4 課　我是这个学校的学生。··· 50
　　　1. コソアド体系（その 1）
　　　2. コソアド体系（その 2）
　　　3. 推量を表す "吧"
　　　4. 副詞 "也" と "都"
　　　5. 選択疑問文
　　　6. 反復疑問文
　　　コラム 世界の主な都市名

第 5 課　你每天几点起床？··· 58
　　　1. 数字
　　　2. 時刻の言い方
　　　3. 食事とあいさつの言い方
　　　4. 動作の時点を表す文
　　　5. "怎么" の使い方（その 1）
　　　6. 連動文（その 2）

第 6 課　你的生日是几月几号？··· 66
　　　1. "几" と "多少"
　　　2. 年月日と曜日
　　　3. 時点の言い方
　　　4. 年齢の聞き方

第 7 課　这个包多少钱？·· 72
　　　1. 量詞
　　　2. 中国の貨幣単位
　　　3. 100 以上の数
　　　4. 二重目的語

第 8 课　你最近忙吗？ ———————————————————— 79
  1. 形容詞述語文
  2. 反復疑問文
  3. 主語＋怎么样？
  4. "有"構文
  5. 家族構成

第 9 课　你在家吗？ ———————————————————————— 88
  1. 場所や方向を示す語
  2. 存在を表す動詞としての"在"
  3. 結果補語としての"在"
  4. "怎么"の使い方（その2）
  5. "因为"～"所以"～
  6. "喜欢"
  7. 「前置詞」としての"在"

第 10 课　你吃饭了吗？ ——————————————————————— 95
  1. 「完了」を表現する"了"
  2. "没(有)"と"不"
  3. "太～了"

単語索引 ————————————————————————————————— 102

発音編

(四川・楽山大仏)

発音編（一）

1. 中国語の音節構造

中国は日本と同じ漢字を使う国です。同じ漢字の「地球」でも，日本語は「地球（ちきゅう）」と読み，中国語は［dìqiú］という表音ローマ字をピンイン（"拼音字母 pīnyīnzìmǔ"の略）と言い，日本語の五十音に相当します。外国人が日本語を学習する時，必ず五十音から始めるのと同じように，中国語を学習する時も必ずピンインから始めます。なお，ピンインは中国式の表音ローマ字で一定のきまりがありますから，ローマ字のつもりで読むと，発音がめちゃくちゃになります。十分注意しましょう。

中国語は基本的に漢字1字が1音節です。音節は子音，母音，声調の三つの要素から成ります。なお，母音は単母音，特殊な母音，複母音，鼻音（-n, -ng）を伴う母音に分類できます。

中国語の音節は大きく2つに分けることができます。

（一） 子音＋母音　例

n	i
子音	母音

你
nǐ

h	ao
子音	母音

好
hǎo

（二） 母音のみ　例

	ai
子音	母音

爱
ài

がありますが，特別なもの以外は共に声調（後述）があります。なお，子音だけの音節構造はありません。

2. 単母音と特殊な母音 "er"

a	日本語の「ア」を長めに発音します。
o	日本語の「オ」を唇まるめて突き出し，喉の奥から長めに発音します。
e	"o" のまるめる唇を左右に引くようにし，日本語の「オ」を長めに発音します。
i (yi)	唇を左右に強く引くようにして日本語の「イ」を長めに発音します。
u (wu)	唇をまるめて突き出し，日本語の「ウ」を長めに発音します。
ü (yu)	唇の形は日本語の「ウ」で「イ」を発音します。
er	"e" を発音すると同時に舌をうわあごへ巻き上げるようにして発音します。

表記上の約束（その1）

（ ）内は単母音 "i, u, ü" が子音を伴わない時の表記方法です。

3. 声調と声調符号

中国語は基本的に1つ1つの音節の中に音声の高低による「声調（せいちょう）」を伴い，これをつけることによってはじめて意味のある言葉になります。声調には四種類があり，四声（しせい）と言います。その声調は，第一声 "ˉ" 第二声 "ˊ" 第三声 "ˇ" 第四声 "ˋ" の4種類の符号で表されます。これを「声調符号」と言います。

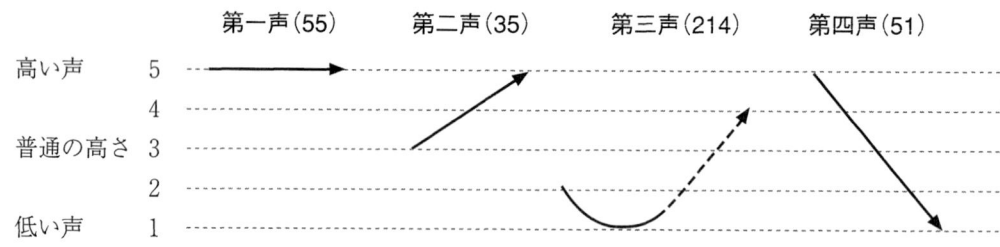

第一声： 高く平らに長めに発音します。
第二声： 中ぐらいの音からさらに高く発音します。
第三声： 低いところからさらに低くおさえる感じで発音します。
第四声： 高いところから急降下します。
軽　声： 軽く短く発音します。もともとの声調を失った音なので，決まった高さがなく，前の音節の声調に左右されます。母音の上に声調が付きません。

同じ「ma」という音節でも，声調が違えば，その表す意味も異なり，全く別の言葉になってしまうので，しっかり練習しましょう。

例	mā	má	mǎ	mà	māma
	妈	麻	马	骂	妈妈
	（母）	（麻）	（馬）	（罵る）	（お母さん）

発音してみましょう。

a	→	ā	á	ǎ	à
o	→	ō	ó	ǒ	ò
e	→	ē	é	ě	è
i (yi)	→	yī	yí	yǐ	yì
u (wu)	→	wū	wú	wǔ	wù
ü (yu)	→	yū	yú	yǔ	yù
er	→	ēr	ér	ěr	èr

4. 声調符号のつけ方

声調符号は必ず主母音の上につけなければなりません。正しい声調で正しく発音できるように，次の優先順位をしっかり覚えましょう。

① aがあれば，aの上に　　　　　tā　　　ài　　　xiào
② aがなければ，oかeの上に　　　pō　　　bèi　　gěi
③ iu, ui は後の方に　　　　　　　xiū　　　guì　　duì
　　iの上に声調符号をつける場合には，"・"を取ります。

発音編（一）　13

練習 1

A 声調符号のつけ方に従って四声をつけてみましょう。

1　han　（第4声）　_____　　2　yu　（第3声）　_____

3　shou　（第3声）　_____　　4　ji　（第1声）　_____

5　xie　（第4声）　_____　　6　guo　（第2声）　_____

7　shui　（第2声）　_____　　8　jiao　（第1声）　_____

B 類似点と相違点に気をつけながら発音してみましょう。

1　u	2　o	3　o	4　e
o	u	e	o
5　i	6　ü	7　ü	8　u
ü	i	u	ü

C 先生や仲間の発音を聞いてピンインをつけてみましょう。

1　a　a　　　2　o　o　　　3　e　e　　　4　yi　yi

5　u　u　　　6　yu　yu　　7　er　er　　8　e　er

発音編（二）

1. 複母音

2つまたは3つの母音からなるものを複母音と言います。

ai	ei	ao	ou
ia(ya)	ie(ye)	iao(yao)	iou(you)
ua(wa)	uo(wo)	uai(wai)	uei(wei)
üe(yue)			

　　　　表記上の約束（その2）

（ ）内は子音を伴わない時の表記方法です。

なお，iou と uei は子音を伴う時，-iu，-ui と表記します。

発音してみましょう。

(1) 　　ai　　　　ei　　　　ou
　　　ia　　　　ie　　　　uo

　　　ao　　　　ou　　　　ai　　　　ei
　　　iao　　　iou　　　uai　　　uei

　　　ie　　　　ei
　　　üe　　　　üe

(2)　āi　　　ái　　　ǎi　　　ài
　　ēi　　　éi　　　ěi　　　èi
　　āo　　　áo　　　ǎo　　　ào
　　ōu　　　óu　　　ǒu　　　òu

　　yā　　　yá　　　yǎ　　　yà
　　yē　　　yé　　　yě　　　yè
　　yāo　　yáo　　yǎo　　yào
　　yōu　　yóu　　yǒu　　yòu

wā	wá	wǎ	wà
wō	wó	wǒ	wò
wāi	wái	wǎi	wài
wēi	wéi	wěi	wèi
yuē	yué	yuě	yuè

＊ 複母音の聴き取り練習 ＊

先生や仲間の発音を聞いて書き取りましょう。

1 _____   2 _____   3 _____   4 _____

5 _____   6 _____   7 _____   8 _____

2. 鼻音（-n, -ng）を伴う母音

発音要領（-n と -ng の舌の位置）

-an は「案内する」のアン，-ang は「案外」のアンの要領で発音します。
-in は「因縁」のイン，-ing は「因果関係」のインの要領で発音します。

an	en	in (yin)
ang	eng	ing (ying)
ian (yan)	uen (wen)	ong
iang (yang)	ueng (weng)	iong (yong)
uan (wan)		
uang (wang)		
üan (yuan)		
ün (yun)		

表記上の約束（その3）

（ ）内は子音を伴わない時の表記方法です。

なお，uen は子音を伴う時，-un と表記します。

ポイント

（一）漢字の音読みをした時，「ン」で終る音節は，中国語においては"-n"で終ります。

例　安（アン）　　　文（ブン）　　　音（オン）　　　研（ケン）
　　ān　　　　　　 wén　　　　　　 yīn　　　　　　 yán

（二）漢字の音読みをした時，「イ，ウ」で終る音節は，中国語においては"-ng"で終ります。

例　用（ヨウ）　　　王（オー）　　　洋（ヨウ）　　　迎（ゲイ）
　　yòng　　　　　　wáng　　　　　　yáng　　　　　　yíng

> 撥音「ン」 ⇨ "-n"
> 長音「イ・ウ」 ⇨ "-ng"

発音してみましょう

(1) yan — yang
　　yān（烟）　　　yāng（央）
　　yán（颜）　　　yáng（阳）
　　yǎn（眼）　　　yǎng（氧）
　　yàn（宴）　　　yàng（样）

(2) yin — ying
　　yīn（音）　　　yīng（英）
　　yín（银）　　　yíng（营）
　　yǐn（引）　　　yǐng（影）
　　yìn（印）　　　yìng（硬）

(3) wan — wang
　　wān（湾）　　　wāng（汪）
　　wán（玩）　　　wáng（亡）
　　wǎn（晚）　　　wǎng（往）
　　wàn（万）　　　wàng（望）

＊ 鼻音（-n, -ng）を伴う母音の聴き取り練習 ＊
先生や仲間の発音を聞いて書き取りましょう。

1 _____　　2 _____　　3 _____　　4 _____

5 _____　　6 _____　　7 _____　　8 _____

練習2

A 次の鼻音(-n, -ng)を伴う母音の中から発音が異なるものをそれぞれ1つ選び出し，その簡体字を____に書き込みましょう。

1　引　颜　晚　用　　　_____

2　音　研　玩　影　　　_____

3　亡　王　印　往　　　_____

4　湾　硬　烟　眼　　　_____

5　安　洋　万　银　　　_____

6　央　阳　氧　宴　　　_____

B 次の音節をピンイン表記の規則に従い(表記上の約束1～3を参照)，書きかえましょう。

1　i　　　　　2　iao　　　　3　üe　　　　4　uen

5　uo　　　　6　ü　　　　　7　ing　　　　8　uang

C (先生の後に次いで3～4回発音練習をし，各自で2～3回発音練習をした後)先生や仲間はまず，①②③④の順に発音します。次に①②③④のどれか一つを発音します。そのピンインを____に書き込みましょう。

1　① yāo　　② yáo　　③ yǎo　　④ yào　　_____

2　① wà　　② wá　　③ wǎ　　④ wā　　_____

3　① yuè　　② yè　　③ yē　　④ yuē　　_____

4　① ōu　　② òu　　③ wō　　④ wò　　_____

5　① wū　　② yū　　③ yuē　　④ wō　　_____

D （先生の後に次いで3～4回発音練習をし，各自で2～3回発音練習をした後）先生や仲間はまず，
①②③④の順に発音します。次に①②③④のどれか一つを発音します。そのピンインを____に
書き込みましょう。

1　① yān　　② yán　　③ yāng　　④ yáng　　_____

2　① yǐn　　② yìn　　③ yǐng　　④ yìng　　_____

3　① wān　　② wán　　③ wāng　　④ wáng　　_____

4　① yuān　　② yūn　　③ yīn　　④ yīng　　_____

5　① wēn　　② wēng　　③ yōng　　④ yūn　　_____

発音編 (三)

子 音

中国語の子音は全部で21個ありますが，発音する際に使用する発声器官により，6つのグループに大別されています。ここで，b．d．g．j．zh．z等で表記されている子音はすべて発音する際，空気を送り出さない「無気音」という音です。また，p．t．k．q．ch．c等で表記されている子音はすべて発音する際，勢いよく空気を送り出す「有気音」という音です。

子音表

b(o)	p(o)	m(o)	f(o)
d(e)	t(e)	n(e)	l(e)
g(e)	k(e)	h(e)	
j(i)	q(i)	x(i)	
zh(i)	ch(i)	sh(i)	r(i)
z(i)	c(i)	s(i)	

(1) 唇音系　上下の唇を使って出す"b, p, m"と唇と歯を使って出す"f"

b	bo	ba	bu	bi	
p	po	pa	pu	pi	
m	mo	ma	mu	mi	me
f	fo	fa	fu		

(2) 舌尖音　舌の先を使って出す音

d	de	da	du	di	
t	te	ta	tu	ti	
n	ne	na	nu	ni	nü
l	le	la	lu	li	lü

16 発音してみましょう

　　　　　b - p　　　bā（八）　　　　pá（扒）
　　　　　　　　　　bí（鼻）　　　　pí（皮）
　　　　　d - t　　　dù（肚）　　　　tù（兎）
　　　　　　　　　　dī（低）　　　　tī（踢）

　　＊ 唇音系と舌尖音の聴き取り練習 ＊
　　　先生や仲間の発音を聞いて書き取りましょう。

　　　1 _____　　2 _____　　3 _____　　4 _____
　　　5 _____　　6 _____　　7 _____　　8 _____

17　(3) 舌根音　喉の奥から出す音

　　　　　g　　　ge　　　ga　　　gu
　　　　　k　　　ke　　　ka　　　ku
　　　　　h　　　he　　　ha　　　hu

18　(4) 舌面音　舌面を使って出す音

　　　　　j　　　ji　　　ju
　　　　　q　　　qi　　　qu
　　　　　x　　　xi　　　xu

　　　　　表記上の約束（その4）
　　　　"ü" は子音 j, q, x と組み合わせる時，
　　　　"¨" を取り "ju, qu, xu" と表記します。

19　発音してみましょう

　　　　　g - k　　　gē（哥）　　　　kē（科）
　　　　　k - h　　　kù（酷）　　　　hē（喝）
　　　　　j - q　　　jī（鶏）　　　　qī（妻）
　　　　　x - q　　　xī（西）　　　　qī（七）

発音編（三）　21

＊ 舌根音と舌面音の聴き取り練習 ＊

先生や仲間の発音を聞いて書き取りましょう。

1 _____   2 _____   3 _____   4 _____

5 _____   6 _____   7 _____   8 _____

(5) 巻舌音　舌をそらして出す音

zh	zhi	zha	zhu	zhe
ch	chi	cha	chu	che
sh	shi	sha	shu	she
r	ri		ru	re

(6) 舌歯音　舌と歯茎を使って出す音

z	zi	za	zu	ze
c	ci	ca	cu	ce
s	si	sa	su	se

発音してみましょう

zh - ch	zhī（汁）	chī（吃）
zi - ci	zì（字）	cì（次）
zi - zu	zì（自）	zú（族）
ci - cu	cí（词）	cū（粗）
si - su	sì（四）	sù（宿）

＊ 巻舌音と舌歯音の聴き取り練習 ＊

先生や仲間の発音を聞いて書き取りましょう。

1 _____   2 _____   3 _____   4 _____

5 _____   6 _____   7 _____   8 _____

練習3

A （先生の後に次いで3～4回発音練習をし，自分で2～3回発音練習をした後）先生や仲間はまず，①②の順に発音します。次にどちらかを発音します。そのピンインを____に書き込みましょう。

1	① bā （八）	② pá （扒）	_____
2	① bí （鼻）	② pí （皮）	_____
3	① hē （喝）	② kě （可）	_____
4	① gē （哥）	② kē （科）	_____
5	① sì （四）	② sù （宿）	_____
6	① chī （吃）	② zhī （汁）	_____
7	① dī （低）	② tī （踢）	_____
8	① cí （词）	② zì （字）	_____
9	① zhá （炸）	② chá （茶）	_____
10	① jǐ （几）	② qī （七）	_____

B 発音された子音を____に書き込みましょう。（よく使われる動詞です。しっかり覚えましょう。）

1	___ǎ （打）	8	___ī （吃）	15	___ué （学）
2	___ī （踢）	9	___ē （喝）	16	___ì （是）
3	___uò （坐）	10	___uò （做）	17	___àng （上）
4	___í （骑）	11	___àn （看）	18	___ià （下）
5	___ù （去）	12	___īng （听）	19	___iǎng （想）
6	___ái （来）	13	___uō （说）	20	___ào （要）
7	___ǎi （买）	14	___iě （写）		

C 発音を聞いて四声をつけ，数字を覚えましょう。

一 yi _____	六 liu _____
二 er _____	七 qi _____
三 san _____	八 ba _____
四 si _____	九 jiu _____
五 wu _____	十 shi _____

― 漢詩を読みましょう（1） ―

杂 诗
Zá shī

王 维
Wáng Wéi

君 自 故 乡 来,
Jūn zì gù xiāng lái,

应 知 故 乡 事。
yīng zhī gù xiāng shì.

来 日 绮 窗 前,
Lái rì qǐ chuāng qián,

寒 梅 着 花 未。
hán méi zhuó huā wèi.

発音編（四）

1. 総合練習

これまで習った単音節を2つ合わさると2音節語になり，その声調パターンは全部で20通りがあります。この20個の組み合わせは中国語の発音においては，最も重要なものですので，しっかり練習し，習得しましょう。

	第一声	第二声	第三声	第四声	軽　声
第一声	书包 shūbāo （書類カバン）	生词 shēngcí （新出単語）	铅笔 qiānbǐ （鉛筆）	书店 shūdiàn （書店・本屋）	桌子 zhuōzi （テーブル）
第二声	钱　包 qiánbāo （財布）	皮鞋 píxié （革靴）	词典 cídiǎn （辞典）	杂志 zázhì （雑誌）	学生 xuésheng （学生）
第三声	老师 lǎoshī （先生・教師）	点名 diǎnmíng （点呼をとる）	手表 shǒubiǎo （腕時計）	考试 kǎoshì （テスト）	椅子 yǐzi （イス）
第四声	第一 dìyī （第一）	练习 liànxí （練習する）	课本 kèběn （教科書）	教室 jiàoshì （教室）	袜子 wàzi （靴下）

〈書く練習〉

(1) 次のピンインを漢字（簡体字）に直し，＿＿に書き込みましょう。

1　xuésheng ＿＿＿＿　　2　shūbāo ＿＿＿＿

3　qiánbāo ＿＿＿＿　　4　qiānbǐ ＿＿＿＿

5　lǎoshī ＿＿＿＿　　6　zhuōzi ＿＿＿＿

7　kèběn ＿＿＿＿　　8　liànxí ＿＿＿＿

(2) 次の簡体字をピンインに直し，＿＿に書き込みましょう。

1　生词　＿＿＿＿＿＿　　　　2　椅子　＿＿＿＿＿＿

3　皮鞋　＿＿＿＿＿＿　　　　4　第一　＿＿＿＿＿＿

5　教室　＿＿＿＿＿＿　　　　6　考试　＿＿＿＿＿＿

7　手表　＿＿＿＿＿＿　　　　8　杂志　＿＿＿＿＿＿

2.　声調変化

2つの音節が連続している語や表現は，表記されている声調と実際の声調が異なる場合があります。これは声調変化が起きるためです。ただし，声調符号はそのままですので，注意しましょう。

(1) 第三声の声調変化

① 第三声が連続して発音する場合には，前の第三声は第二声で発音します。

你　好　　→　　你　好
Nǐ　hǎo　　　　Ní　hǎo

手表　　→　　手表
shǒubiǎo　　　shóubiǎo

② 第三声の後ろに，第一声，第二声，第四声が来る場合には，前の第三声は前半の部分だけ発音します。これは，「半三声」と呼ばれます。この低くおさえこんで短く処理された声調こそ第三声の正体とも言えます。

老师　　　点名　　　考试
lǎoshī　　diǎnmíng　kǎoshì

(2) "一"の声調変化

① 数の"一"は本来第一声(yī)ですが，第一，二，三声と結びつく時は第四声(yì)で発音します。

一千　　　一年　　　一百
yìqiān　　yìnián　　yìbǎi

② 第四声と結びつく時は第二声(yí)で発音します。

一万　　　　一样
yíwàn　　　yíyàng

③ "一"が順番を表したり，複音節語の語尾に置いたりする時は，本来の第一声(yī)で発音します。

一　　　　第一　　　　一月　　　　万一
yī　　　　dìyī　　　　yīyuè　　　wànyī

④ 動詞の重ね型の真ん中に"一"を用いる場合には，軽声になります。

看　一　看　　（ちょっと見る）
kàn　yi　kàn

(3) "不"の声調変化

　"不"は本来 bù と第四声で発音しますが，後の文字が第四声の場合だけ，bú と第二声に変調します。

不＋第一声　　不　喝　　　（飲まない）
　　　　　　　bù　hē

不＋第二声　　不　来　　　（来ない）
　　　　　　　bù　lái

不＋第三声　　不　想　　　（思わない，〜したくない）
　　　　　　　bù　xiǎng

不＋第四声　　不　看　　　（見ない）
　　　　　　　bú　kàn

3.　アル化音

　そり舌音のrが他の音と結びついたものはr化音（アル化音）と呼ばれています。漢字では語尾に"儿"で表記します。

这儿　（ここ）　　花儿　（花）
zhèr　　　　　　huār

玩儿　（遊ぶ）　　味儿　（におい）
wánr　　　　　　wèir

＊rの前にあるn，iは発音されません。

練習 4

A 発音を聞いて "yi" に正しい四声をつけてみましょう。

1　一百　yibǎi
2　一千　yiqiān
3　一万　yiwàn
4　万一　wànyi
5　一月　yiyuè

B 発音を聞いて四声をつけてみましょう。

1　nihao
2　shudian
3　wazi
4　shengci
5　qianbao

――― 漢詩を読みましょう（2）―――

静　夜　思
Jìng　yè　sī

李　白
Lǐ　Bái

床　前　明　月　光，
Chuáng　qián　míng　yuè　guāng,

疑　是　地　上　霜。
yí　shì　dì　shàng　shuāng.

举　头　望　明　月，
Jǔ　tóu　wàng　míng　yuè,

低　头　思　故　乡。
dī　tóu　sī　gù　xiāng.

课堂 用语 (教室用語)
kètáng yòngyǔ

1. 现在 开始 上课。　　　　　　（では授業を始めます。）
   Xiànzài kāishǐ shàngkè.

2. 今天 学习 第 一 课。　　　　　（今日は第1課を勉強します。）
   Jīntiān xuéxí dì yī kè.

3. 请 看 第 十六 页。　　　　　　（16ページを見てください。）
   Qǐng kàn dì shíliù yè.

4. 请 跟 我 念。　　　　　　　　（私について読んでください。）
   Qǐng gēn wǒ niàn.

5. 再 念 一 遍。　　　　　　　　（もう1度読みます。）
   Zài niàn yí biàn.

6. 请 自己 念 两 遍。　　　　　　（自分で2回読んでください。）
   Qǐng zìjǐ niàn liǎng biàn.

7. 请 慢 一点儿 说。　　　　　　（もう少しゆっくり言ってください。）
   Qǐng màn yìdiǎnr shuō.

8. 明白 了 吗?　　　　　　　　　（わかりましたか?）
   Míngbai le ma?

9. 明白 了。　　　　　　　　　　（わかりました。）
   Míngbai le.

10. 不 明白,
    Bù míngbai,

    请 您 再 说 一 遍。　　　　　（わかりません,もう1度言ってください。）
    qǐng nín zài shuō yí biàn.

11. 大家 有 问题 吗?　　　　　　（みなさん,質問ありますか?）
    Dàjiā yǒu wèntí ma?

12. 有。　　　　　　　　　　　　（あります。）
    Yǒu.

13. 没有。　　　　　　　　　　　（ありません。）
    Méiyǒu.

14. 今天 就 学到 这儿,
    Jīntiān jiù xuédao zhèr,

    下课, 再见。　　　　　　　　（では今日はこの辺で,さよなら。）
    xiàkè, zàijiàn.

発音編(四)

【中国語音節表】

声母\韻母	a	o	e	-i [ɿ]	-i [ʅ]	er	ai	ei	ao	ou	an	en	ang	eng	ong	i	ia	ie	iao
b	ba	bo					bai	bei	bao		ban	ben	bang	beng		bi		bie	biao
p	pa	po					pai	pei	pao	pou	pan	pen	pang	peng		pi		pie	piao
m	ma	mo	me				mai	mei	mao	mou	man	men	mang	meng		mi		mie	miao
f	fa	fo						fei		fou	fan	fen	fang	feng					
d	da		de				dai	dei	dao	dou	dan	den	dang	deng	dong	di	dia	die	diao
t	ta		te				tai		tao	tou	tan		tang	teng	tong	ti		tie	tiao
n	na		ne				nai	nei	nao	nou	nan	nen	nang	neng	nong	ni		nie	niao
l	la	lo	le				lai	lei	lao	lou	lan		lang	leng	long	li	lia	lie	liao
g	ga		ge				gai	gei	gao	gou	gan	gen	gang	geng	gong				
k	ka		ke				kai	kei	kao	kou	kan	ken	kang	keng	kong				
h	ha		he				hai	hei	hao	hou	han	hen	hang	heng	hong				
j																ji	jia	jie	jiao
q																qi	qia	qie	qiao
x																xi	xia	xie	xiao
zh	zha		zhe	zhi			zhai	zhei	zhao	zhou	zhan	zhen	zhang	zheng	zhong				
ch	cha		che	chi			chai		chao	chou	chan	chen	chang	cheng	chong				
sh	sha		she	shi			shai	shei	shao	shou	shan	shen	shang	sheng					
r			re	ri					rao	rou	ran	ren	rang	reng	rong				
z	za		ze		zi		zai	zei	zao	zou	zan	zen	zang	zeng	zong				
c	ca		ce		ci		cai		cao	cou	can	cen	cang	ceng	cong				
s	sa		se		si		sai		sao	sou	san	sen	sang	seng	song				
ゼロ	a	o	e			er	ai	ei	ao	ou	an	en	ang			yi	ya	ye	yao

1（介音なし）

	2（介音 i）				3（介音 u）								4（介音 ü）			
	in	iang	ing	iong	u	ua	uo	uai	uei -ui	uan	uen -un	uang	ueng	ü	üe	üan	ün
b	bin		bing		bu												
p	pin		ping		pu												
m	min		ming		mu												
f					fu												
d			ding		du		duo		dui	duan	dun						
t			ting		tu		tuo		tui	tuan	tun						
n	nin	niang	ning		nu		nuo			nuan				nü	nüe		
l	lin	liang	ling		lu		luo			luan	lun			lü	lüe		
g					gu	gua	guo	guai	gui	guan	gun	guang					
k					ku	kua	kuo	kuai	kui	kuan	kun	kuang					
h					hu	hua	huo	huai	hui	huan	hun	huang					
j	jin	jiang	jing	jiong										ju	jue	juan	jun
q	qin	qiang	qing	qiong										qu	que	quan	qun
x	xin	xiang	xing	xiong										xu	xue	xuan	xun
zh					zhu	zhua	zhuo	zhuai	zhui	zhuan	zhun	zhuang					
ch					chu	chua	chuo	chuai	chui	chuan	chun	chuang					
sh					shu	shua	shuo	shuai	shui	shuan	shun	shuang					
r					ru		ruo		rui	ruan	run						
z					zu		zuo		zui	zuan	zun						
c					cu		cuo		cui	cuan	cun						
s					su		suo		sui	suan	sun						
	yin	yang	ying	yong	wu	wa	wo	wai	wei	wan	wen	wang	weng	yu	yue	yuan	yun

本文編

(西安・秦兵馬俑)

第 **1** 课 你 喝 咖啡 吗?
Dì yī kè　　Nǐ hē kāfēi ma?

31 A: 你 喝 咖啡 吗?
　　　Nǐ hē kāfēi ma?

　　B: 我 不 喝 咖啡, 我 喝 可乐。
　　　Wǒ bù hē kāfēi, wǒ hē kělè.

32 A: 你 喝 咖啡, 还是 喝 可乐?
　　　Nǐ hē kāfēi, háishi hē kělè?

　　B: 我 喝 可乐。谢谢。
　　　Wǒ hē kělè. Xièxie.

新出語句

第 dì	接頭 第。〜目	她 tā	代 彼女
课 kè	名 課。授業	它 tā	代 それ。あれ
你 nǐ	代 あなた	我们 wǒmen	代 私たち
喝 hē	動 飲む	咱们 zánmen	代 相手を含めた私たち
咖啡 kāfēi	名 コーヒー	你们 nǐmen	代 あなたたち
吗 ma	助 …か	他们 tāmen	代 彼ら
我 wǒ	代 私	她们 tāmen	代 彼女たち
不 bù	副 …しない	它们 tāmen	代 それら。あれら
可乐 kělè	名 コーラ	去 qù	動 行く
还是 háishi	接 それとも	超市 chāoshì	名 スーパー
谢谢 xièxie	ありがとう	便利店 biànlìdiàn	名 コンビニ
您 nín	代 あなた。"你"の敬称	吃 chī	動 食べる
他 tā	代 彼		

ポイント

1. 動詞述語文

中国語の最も基本的な文型

主語＋動詞＋目的語 「〜は〜をします。」

	主 語	述語			語気助詞
		副 詞	動 詞	目的語	
"吗"を使った疑問文	你		喝	咖啡	吗？
肯定文	我		喝	咖啡。	
否定文	我	不	喝	咖啡。	

第1課 你喝咖啡吗？

2. 人称代名詞

	一人称	二人称	三人称		
単 数	我 (私)	你・您 (あなた)	他 (彼)	她 (彼女)	它 (それ・あれ)
複 数	我们・咱们 (私たち)	你们 (あなたたち)	他们 (彼ら)	她们 (彼女たち)	它们 (それら・あれら)

你们 喝 咖啡 吗？
Nǐmen hē kāfēi ma?

我们 喝 咖啡。
Wǒmen hē kāfēi.

她们 喝 可乐 吗？
Tāmen hē kělè ma?

她们 不 喝 可乐。
Tāmen bù hē kělè.

3. 選択疑問文

主語（＋"是"）＋ A ＋"还是"＋ B ?
（～は A ですか, それとも B ですか。）

你 喝 咖啡, 还是 喝 可乐？
Nǐ hē kāfēi, háishi hē kělè?

你 去 超市, 还是 去 便利店？
Nǐ qù chāoshì, háishi qù biànlìdiàn?

★★★ 中国の新語と外来語 ★★★

① 汉堡包 hànbǎobāo　　　名 ハンバーガー
② 匹萨饼 pǐsàbǐng　　　　名 ピザ
③ 炸薯条 zháshǔtiáo　　　名 フライドポテト
④ 土豆片 tǔdòupiàn　　　 名 ポテトチップス
⑤ 炸土豆条 zhátǔdòutiáo　名 フライドポテト
⑥ 炸鸡块 zhájīkuài　　　　名 フライドチキン
⑦ 套餐 tàocān　　　　　　名 定食。セットメニュー
⑧ 绿色食品 lǜsè shípǐn　　名 自然食品
⑨ 放心食品 fàngxīn shípǐn　名 安全食品

会話練習

（先生の後に次いで3～4回発音練習をし，自分で2～3回発音練習をした後）太字の部分を補充語句で言い換え，仲間と会話練習をしましょう。

1
A：你 喝 **咖啡** 吗？
B：我 不 喝 **咖啡**，我 喝 **可乐**。

補充語句

红茶 hóngchá	图 紅茶	奶茶 nǎichá	图 ミルクティー
绿茶 lùchá	图 緑茶	乌龙茶 wūlóngchá	图 ウーロン茶
热咖啡 rè kāfēi	图 ホットコーヒー	冰水 bīngshuǐ	图 おひや
冰咖啡 bīng kāfēi	图 アイスコーヒー		
矿泉水 kuàngquánshuǐ	图 ミネラルウォーター		

2
A：你 **喝 咖啡**，还是 **喝 可乐**？
B：我 **喝 可乐**。（谢谢）。

補充語句

去 超市 qù chāoshì　スーパーへ行く
去 便利店 qù biànlìdiàn　コンビニへ行く
去 麦当劳 qù Màidāngláo　マクドナルドへ行く
去 必胜客 qù Bìshèngkè　ピザハットへ行く

吃 面 chī miàn　麺類を食べる
吃 饭 chī fàn　ご飯を食べる
吃 西瓜 chī xīguā　スイカを食べる
吃 芒果 chī mángguǒ　マンゴーを食べる

練習問題

A. 次のピンインを漢字（簡体字）に直し，日本語に訳しなさい。

1　Nǐ hē kāfēi ma?

2　Wǒ bù hē wūlóngchá.

3　Nǐ qù chāoshì ma?

4　Wǒ bù chī miàn, wǒ chī fàn.

5　Nín qù Màidāngláo, háishi qù Bìshèngkè?

B. 次の質問に，それぞれ肯定文と否定文で答えなさい。

	肯定文	否定文
1　你喝矿泉水吗？	_____	_____
2　你们吃面吗？	_____	_____
3　您喝咖啡吗？	_____	_____
4　她去便利店吗？	_____	_____
5　你吃西瓜吗？	_____	_____

第 2 课 我去超市买东西。
Dì èr kè　Wǒ qù chāoshì mǎi dōngxi.

A：我 去 超市 买 东西，你 去 不 去？
　　Wǒ qù chāoshì mǎi dōngxi, nǐ qù bu qù?

B：我 也 想 去。你 要 买 什么？
　　Wǒ yě xiǎng qù. Nǐ yào mǎi shénme?

A：我 买 奶茶，你 呢？
　　Wǒ mǎi nǎichá, nǐ ne?

B：我 想 买 乌龙茶。
　　Wǒ xiǎng mǎi wūlóngchá.

A：走 吧。一块儿 去 吧。
　　Zǒu ba. Yíkuàir qù ba.

新出語句

买 mǎi	動 買う	汉堡包 hànbǎobāo	名 ハンバーガー
东西 dōngxi	名 物。品物	人 rén	名 人
也 yě	副 も	谁 shuí	代 誰
想 xiǎng	動 思う。～したいと思う	时候 shíhou	名 時。時刻
要 yào	動 要る。～したいと思う	几 jǐ	代 いくつ。少ない数を問う
什么 shénme	代 何		
呢 ne	助 …は	点 diǎn	名 …時。書面語では"时 shí"を用いる
走 zǒu	動 歩く		
吧 ba	助 ～をしましょう	做 zuò	動 する
一块儿 yíkuàir	副 一緒に	号 hào	名 日。書面語では"日 rì"を用いる
来 lái	動 来る		
中国 Zhōngguó	名 中国	地方 dìfang	名 場所
学 xué	動 学ぶ	哪里 nǎli	代 どこ
中文 Zhōngwén	名 中国語	哪儿 nǎr	代 どこ
家 jiā	名 家		

ポイント

1. **連動文（その1）** 動詞"去"と"来"はほかの動詞と連用され，2つの動作が続いて発生することを表します。 「～へ～（し）に行く／来る」

　　　　我 去 超市。 ／ 我 买 东西。
　　　　Wǒ qù chāoshì. ／ Wǒ mǎi dōngxi.

(1) 我 去 超市 买 东西。
　　 Wǒ qù chāoshì mǎi dōngxi.

　　　　我 来 中国。 ／ 我 学 中文。
　　　　Wǒ lái Zhōngguó. ／ Wǒ xué Zhōngwén.

(2) 我 来 中国 学 中文。
　　 Wǒ lái Zhōngguó xué Zhōngwén.

　　　　我 不 去 超市。 ／ 我 买 东西。
　　　　Wǒ bú qù chāoshì. ／ Wǒ mǎi dōngxi.

(3) 我 不 去 超市 买 东西。
　　 Wǒ bú qù chāoshì mǎi dōngxi.

40

2. 反復疑問文

主語 + 肯定文 + 否定文（+ 名詞）？

你 去 不 去 超市？
Nǐ qù bu qù chāoshì?

你 喝 不 喝 可乐？
Nǐ hē bu hē kělè?

3. 省略疑問文 "呢"

我 喝 咖啡，你 呢？
Wǒ hē kāfēi, nǐ ne?

(= 我 喝 咖啡，你 喝 什么？)
(Wǒ hē kāfēi, nǐ hē shénme?)

4. "也" の用い方

"也" は主語の直後，述語の前に置き，日本語の格助詞「は」を「も」に変化させる働きをします。肯定・疑問・否定すべての文に使えますが，［動詞＋不＋動詞］の形式である反復疑問文には使えません。

我 也 喝 咖啡。
Wǒ yě hē kāfēi.

他 也 去 便利店。
Tā yě qù biànlìdiàn.

你 也 来 吗？
Nǐ yě lái ma?

她们 也 不 吃 面。
Tāmen yě bù chī miàn.

5. 想

我 想 你。
Wǒ xiǎng nǐ.

你 想 家 吗？
Nǐ xiǎng jiā ma?

我 想 学 中文。
Wǒ xiǎng xué Zhōngwén.

我 想 吃 汉堡包。
Wǒ xiǎng chī hànbǎobāo.

6. 要

我 要 你。
Wǒ yào nǐ.

我 要 热 咖啡。
Wǒ yào rè kāfēi.

我 要 学 中文。
Wǒ yào xué Zhōngwén.

我 要 吃 汉堡包。
Wǒ yào chī hànbǎobāo.

＊ "我要学中文。"の否定は "我不想学中文。"

7. 疑問詞 "什么" を用いた疑問文

你 喝 什么？
Nǐ hē shénme?

我 喝 咖啡。
Wǒ hē kāfēi.

你 学 什么？
Nǐ xué shénme?

我 学 中文。
Wǒ xué Zhōngwén.

你 来 中国 学 什么？
Nǐ lái Zhōngguó xué shénme?

我 来 中国 学 中文。
Wǒ lái Zhōngguó xué Zhōngwén.

你 来 中国 做 什么？
Nǐ lái Zhōngguó zuò shénme?

我 来 中国 学 中文。
Wǒ lái Zhōngguó xué Zhōngwén.

常用疑問詞

什么 人　＝　谁 shénme rén　　shuí	だれ
什么 时候　＝　几 点, 几 号 … shénme shíhou　　jǐ diǎn, jǐ hào …	いつ
什么 地方　＝　哪里, 哪儿 shénme dìfang　　nǎli　 nǎr	どこ
什么 东西　＝　什么 shénme dōngxi　　shénme	なに

会話練習

（先生の後に次いで3～4回発音練習をし，自分で2～3回発音練習をした後）太字の部分を補充語句で言い換え，仲間と会話練習をしましょう。

1

A：我 喝 **咖啡**，你 呢？
B：我 也 喝 **咖啡**。

補充語句

可可 kěkě	名 ココア	橘子汁 júzizhī	名 オレンジジュース
汽水 qìshuǐ	名 サイダー	苹果汁 píngguǒzhī	名 リンゴジュース
果汁 guǒzhī	名 ジュース	花茶 huāchá	名 ジャスミンティー

2

A：你 吃 什么？
B：我 吃 **面**，你 呢？
A：我 想 吃 **饭**。

補充語句

海鲜面 hǎixiānmiàn	名 海鮮メン	咖喱饭 gālífàn	名 カレーライス
肉包子 ròubāozi	名 肉まんじゅう	小笼包 xiǎolóngbāo	名 ショウロンポー
蛋糕 dàngāo	名 ケーキ	冰淇淋 bīngqílín	名 アイスクリーム

3

A：你 去 哪里？
B：我 去 便利店 买 **东西**。

補充語句

牛奶 niúnǎi	名 牛乳	面包 miànbāo	名 パン
报纸 bàozhǐ	名 新聞	啤酒 píjiǔ	名 ビール
筷子 kuàizi	名 箸	票 piào	名 切符
早饭 zǎofàn	名 朝食	晚饭 wǎnfàn	名 夕食

練習問題

A. 次のピンインを漢字（簡体字）に直し，日本語に訳しなさい。

1　Wǒ qù chāoshì mǎi dōngxi.

2　Nǐ xiǎng mǎi shénme?

3　Wǒ yào xué Zhōngwén.

4　Wǒ hē guǒzhī, nǐ ne?

5　Wǒ yě chī hànbǎobāo.

B. 次の文が答えになるように，反復疑問文で質問しなさい。

1　我吃冰淇淋。

2　我不喝可乐。

3　我学中文。

C. 次の文が答えになるように，疑問詞"哪里""什么"を用いた疑問文で質問しなさい。

1　我学中文。

2　他们去便利店。

3　我想吃汉堡包。

第 3 课　　我 是 日本人。
Dì sān kè　　Wǒ shì Rìběnrén.

43

A： 老师，您 早。
　　 Lǎoshī, nín zǎo.

B： 早上 好。
　　 Zǎoshang hǎo.

　　 你 是 留学生 吗？
　　 Nǐ shì liúxuéshēng ma?

A： 是的。我 是 日本 留学生。
　　 Shìde. Wǒ shì Rìběn liúxuéshēng.

44

A： 你 叫 什么 名字？
　　 Nǐ jiào shénme míngzi?

B： 我 叫 古野 裕介。
　　 Wǒ jiào Gǔyě Yùjiè.

　　 请问，您 贵姓？
　　 Qǐngwèn, nín guìxìng?

A： 我 姓 田，叫 田 甜。
　　 Wǒ xìng Tián, jiào Tián Tián.

　　 是 你 的 同班 同学。
　　 Shì nǐ de tóngbān tóngxué.

新出語句

是 shì	動 ～である	贵姓 guìxìng	图 ご名字。姓のみを問う言い方
日本人 Rìběnrén	图 日本人	田 Tián	田（中国人の姓）
老师 lǎoshī	图 先生	的 de	助 ～の
您早 nín zǎo	おはようございます	同班同学 tóngbān tóngxué	クラスメート
早上 zǎoshang	图 朝	书包 shūbāo	图 学生用かばん
好 hǎo	形 よい	手表 shǒubiǎo	图 腕時計
留学生 liúxuéshēng	图 留学生	妈妈 māma	图 母さん
是的 shìde	そうです	不是 búshi	～ではない。いいえ
日本 Rìběn	图 日本		
叫 jiào	動（名前、呼び名を）～という	**固有名詞**	
名字 míngzi	图（姓に対する）名	古野裕介 Gǔyě Yùjiè	
请问 qǐngwèn	動 すみませんが。ちょっとお尋ねしますが	田甜 Tián Tián	

ポイント

1. "是"を用いた判断文

	主語	述語			語気助詞
		副詞	動詞	目的語	
"吗"を使った疑問文	你		是	日本人	吗？
肯定文	我		是	日本人。	
否定文	我	不	是	日本人。	

你 是 日本人 吗？
Nǐ shì Rìběnrén ma?

我 是 日本人。
Wǒ shì Rìběnrén.

我 不是 日本人。
Wǒ búshi Rìběnrén.

2. 構造助詞 "的"

人を表す名詞や人称代名詞はその他の名詞の前に修飾成分として置かれ、所属を表します。日本語の「〜の〜」に相当します。

我 的 书包
wǒ de shūbāo

他 的 同班 同学
tā de tóngbān tóngxué

她 的 手表
tā de shǒubiǎo

しかし、人称代名詞が人間関係（先生や友人など）、親族、所属している組織などを表す名詞を修飾する時は省略できます。

我 妈妈
wǒ māma

你们 老师
nǐmen lǎoshī

3. "姓" と "叫"

▶ 我 姓（ 姓 ／ 名字 ）
▶ 我 叫（ フルネーム ）

您 贵姓？
Nín guìxìng?

你 贵姓？　　➡　　我 姓 田。
Nǐ guìxìng?　　　　　Wǒ xìng Tián.

贵姓？
Guìxìng?

您（你） 姓 什么？　➡　我 姓 田。
Nín (Nǐ) xìng shénme?　　Wǒ xìng Tián.

您（你） 叫 什么 名字？　➡　我 叫 田 甜。
Nín (Nǐ) jiào shénme míngzi?　　Wǒ jiào Tián Tián.

第 3 课 我是日本人。 47

会話練習

（先生の後に次いで3～4回発音練習をし，自分で2～3回発音練習をした後）太字の部分を補充語句で言い換え，仲間と会話練習をしましょう。

46 ① 1

A：您 贵姓？

B：我 姓 **古野**。

A：我 姓 **田**。你 好！

B：你 好！

補充語句

马 Mǎ	馬	郑 Zhèng	鄭	邓 Dèng	鄧	江 Jiāng	江
张 Zhāng	張	胡 Hú	胡	孙 Sūn	孫	赵 Zhào	趙
曹 Cáo	曹	吴 Wú	呉	陈 Chén	陳	宋 Sòng	宋
何 Hé	何	诸葛 Zhūgě	諸葛	司马 Sīmǎ	司馬	王 Wáng	王

47 ① 2

A：您（你）叫 什么 名字？

B：我 叫 **古野 裕介**。

A：我 叫 **田 甜**。你 好！

B：你 好！

（先生が教えてくれた）自分の名前を使って，中国語で言ってみましょう。

48 ① 3

A：你 是 **日本** 留学生 吗？

B：我 是（**日本** 留学生）。你 呢？

A：我 也 是。

補充語句

美国 Měiguó	图 アメリカ	印度尼西亚 Yìndùníxīyà	图 インドネシア
英国 Yīngguó	图 イギリス	加拿大 Jiānádà	图 カナダ
法国 Fǎguó	图 フランス	意大利 Yìdàlì	图 イタリア
德国 Déguó	图 ドイツ	新加坡 Xīnjiāpō	图 シンガポール
台湾 Táiwān	图 台湾	泰国 Tàiguó	图 タイ
韩国 Hánguó	图 韓国	印度 Yìndù	图 インド

練習問題

A． 次の質問に，それぞれ肯定文と否定文で答えなさい。

　　　　　　　　　　　　　　　肯定文　　　　　　　　　　　否定文

1　你是韩国人吗？　　　_____　　_____

2　你们是留学生吗？　　_____　　_____

3　你也是日本人吗？　　_____　　_____

4　你们是同班同学吗？　_____　　_____

5　她是你的老师吗？　　_____　　_____

B． 次のピンインを漢字（簡体字）に直し，日本語に訳しなさい。

1　Hú lǎoshī nín zǎo.

2　Nín guìxìng?

3　Wǒ yě shì Rìběnrén.

4　Wǒmen shì tóngbān tóngxué.

5　Nǐmen lǎoshī jiào shénme míngzi?

C． 次の日本語を中国語に訳しなさい。

1　あなたたちの先生は誰ですか？

2　お名前は何とおっしゃいますか？

第4课 我是这个学校的学生。
Dì sì kè　Wǒ shì zhège xuéxiào de xuésheng.

49

A：你 是 这个 学校 的 学生 吧？
　　Nǐ shì zhège xuéxiào de xuésheng ba?

B：是的。我 是 这里 的 学生。
　　Shìde. Wǒ shì zhèli de xuésheng.

A：哪个 系 的 学生？
　　Nǎge xì de xuésheng?

B：我 是 国际关系学系
　　Wǒ shì guójìguānxixuéxì

　　一年级 的 学生。
　　yīniánjí de xuésheng.

50

A：你 是 日本人，还是 中国人？
　　Nǐ shì Rìběnrén, háishi Zhōngguórén?

B：我 是 日本人。你 呢？
　　Wǒ shì Rìběnrén. Nǐ ne?

A：我 是 中国人。
　　Wǒ shì Zhōngguórén.

新出語句

語	品詞	意味
这个 zhège	代	"这一个"の略。これ／それ
学校 xuéxiào	名	学校
学生 xuésheng	名	学生
吧 ba	助	推量を表す。～でしょう
哪个 nǎge	代	"哪一个"の略。どれ／どの
系 xì	名	（大学の）学部。学科
国际关系学 guójìguānxixué	名	国際関係学
年级 niánjí		学年　例：一年生／一年級
中国人 Zhōngguórén	名	中国人
这里 zhèli	代	ここ／こちら
这儿 zhèr	代	ここ／こちら
那里 nàli	代	そこ／そちら
那儿 nàr	代	そこ／そちら
那个 nàge	代	"那一个"の略。それ／あれ
钱包 qiánbāo	名	財布
都 dōu	副	みんな
笔记本 bǐjìběn	名	ノート
汉语 Hànyǔ	名	中国語
课本 kèběn	名	教科書

ポイント

1. コソアド体系（その1）

	近称	中称・遠称	不定称
主語	这 zhè これ	那 nà それ・あれ	哪 nǎ どれ
	上記の"这","那","哪"は単独では目的語にならない		
主語 目的語 連体詞	这（一）个 zhège・zhèige これ	那（一）个 nàge・nèige それ・あれ	哪（一）个 nǎge・něige どれ

＊　"这个" "那个" "哪个" は単数だけに使用します。
　　複数は "这些(zhèxiē)" "那些(nàxiē)" "哪些(nǎxiē)" を使用します。

① **主語**

这　是　什么？
Zhè　shì　shénme?

这个　是　什么？
Zhège　shì　shénme?

第4課　我是这个学校的学生。

② **目的語**

我 的 手表 是 这个，不是 那个。
Wǒ de shǒubiǎo shì zhège, búshi nàge.

③ **連体詞**

你们 是 这个 学校 的 学生 吧？
Nǐmen shì zhège xuéxiào de xuésheng ba?

你 是 哪个 系 的 学生？
Nǐ shì nǎge xì de xuésheng?

＊比較　他 是 什么 人？　＝　他 是 谁？
　　　　Tā shì shénme rén?　　Tā shì shuí?

他 是 哪 国 人？
Tā shì nǎ guó rén?

2. **コソアド体系（その2）**

近 称	中 称・遠 称	不定称
这里／这儿 zhèli／zhèr ここ・こちら	那里／那儿 nàli／nàr そこ・そちら あそこ・あちら	哪里／哪儿 nǎli／nǎr どこ・どちら

这里 是 哪里？
Zhèli shì nǎli?

＝这里 是 什么 地方？
　Zhèli shì shénme dìfang?

我 是 这里 的 学生。
Wǒ shì zhèli de xuésheng.

3. **推量を表す"吧"**（～でしょう）

你 是 日本 留学生 吧？
Nǐ shì Rìběn liúxuéshēng ba?

这（个）是 你 的 钱包 吧？
Zhè (ge) shì nǐ de qiánbāo ba?

4. 副詞 "也(yě)" と "都(dōu)"

	主 語	述語		
		副 詞	動 詞	目的語
肯定文	我		是	日本人。
(也)	他	也	是	日本人。
(都)	我们	都	是	日本人。
(也都)	她们	也都	是	日本人。

＊ "也" と "都" を同時に使用する時は，"也都" と並べます。
"都也" とは並べません。

	主 語	述語		
		副 詞	動 詞	目的語
否定文	我	不	是	日本人。
(也)	他	也不	是	日本人。
(都)	我们	都不	是	日本人。
(也都)	她们	也都不	是	日本人。

部分否定の場合，特に "不" の位置に注意しましょう。

否 定　　我们　都　不是　日本人。
　　　　　　Wǒmen dōu búshi Rìběnrén.

部分否定　我们　不　都　是　日本人。
　　　　　　Wǒmen bù dōu shì Rìběnrén.

5. 選択疑問文

主語（＋"是"）＋ A ＋"还是"＋ B ？　　（～は A ですか，それとも B ですか。）

你 是 韩国人， 还是 中国人？
Nǐ shì Hánguórén, háishi Zhōngguórén？

这 是 你 的 笔记本， 还是 他 的 笔记本？
Zhè shì nǐ de bǐjìběn, háishi tā de bǐjìběn？

6. 反復疑問文

主語 ＋ 肯定文 ＋ 否定文（＋ 名詞）？

你 是 不 是 日本人？
Nǐ shì bu shì Rìběnrén？

这（个）是 不 是 汉语 课本？
Zhè (ge) shì bu shì Hànyǔ kèběn？

★★★ 世界の主な都市名 ★★★

纽约 Niǔyuē	ニューヨーク	雅加达 Yǎjiādá	ジャカルタ（インドネシア）
东京 Dōngjīng	東京	渥太华 Wòtàihuá	オタワ(カナダ)
伦敦 Lúndūn	ロンドン(イギリス)	罗马 Luómǎ	ローマ(イタリア)
法兰克福 Fǎlánkèfú	フランクフルト（ドイツ）	新德里 Xīndélǐ	ニューデリー(インド)
巴黎 Bālí	パリ(フランス)	曼谷 Màngǔ	バンコク(タイ)
首尔 Shǒu'ěr	ソウル(韓国)		

会話練習

（先生の後に次いで3～4回発音練習をし、自分で2～3回発音練習をした後）太字の部分を補充語句で言い換え、仲間と会話練習をしましょう。

1

A：那 是 什么？

B：那 是 我 的 **笔记本**。

補充語句

熟語化しているものの(的)は省略されます。

中国（的）杂志 Zhōngguó (de) zázhì 中国の雑誌
中国（的）地图 Zhōngguó (de) dìtú 中国の地図
日本（的）漫画 书 Rìběn (de) mànhuà shū 日本の漫画本
日本（的）报纸 Rìběn (de) bàozhǐ 日本の新聞

2

A：您 是 哪 国 人？

B：我 是 **韩国人**。您 呢？

A：我 是 **日本人**。

補充語句

美国人 Měiguórén アメリカ人
英国人 Yīngguórén イギリス人
法国人 Fǎguórén フランス人
德国人 Déguórén ドイツ人
泰国人 Tàiguórén タイ人

加拿大人 Jiānádàrén カナダ人
意大利人 Yìdàlìrén イタリア人
新加坡人 Xīnjiāpōrén シンガポール人
印度人 Yìndùrén インド人
印度尼西亚人 Yìndùníxīyàrén
インドネシア人

第4课　我是这个学校的学生。

55 **3** A：你 是 哪个 系 的 学生？

B：我 是 国际关系学系 一 年级 的 学生。

補充語句

医学系 yīxuéxì	医学部・医学科	二 èr
法律系 fǎlǜxì	法律学科	三 sān
经济系 jīngjìxì	経済学科	四 sì
企业管理系 qǐyèguǎnlǐxì	経営学科	
社会环境系 shèhuìhuánjìngxì	社会環境学科	（以下は医学部の場合）
电子工学系 diànzǐgōngxuéxì	電子工学科	五 wǔ
产业保健系 chǎnyèbǎojiànxì	産業保健学科	六 liù
		七 qī
		八 bā

56 **4** A：这 是 你 的 笔记本 吧？

B：这 不是 我 的 （笔记本）。

補充語句

手机 shǒujī	携帯電話	手提电脑 shǒutídiànnǎo	ノートパソコン
课本 kèběn	教科書	汽车 qìchē	自動車
眼镜 yǎnjìng	メガネ	自行车 zìxíngchē	自転車
电脑 diànnǎo	パソコン	座位 zuòwei	座席
帽子 màozi	帽子	包 bāo	カバン

練習問題

A. 次の文が答えになるように，それぞれ"吗"を使った疑問文と反復疑問文で答えなさい。

　　　　　　　　　　　　"吗"を使った疑問文　　　　　反復疑問文

1　我是日本人。　　　_____　_____

2　这是我的手机。　　_____　_____

3　这不是我的笔记本。_____　_____

B. 次のピンインを漢字（簡体字）に直し，日本語に訳しなさい。

1　Nǐ shì nǎge xì de xuésheng?

2　Zhè shì bu shì Rìběn(de) mànhuà shū?

3　Zhè(ge) shì nǐ de shǒutídiànnǎo ba?

C. 次の日本語を中国語に訳しなさい。

1　彼らはみな日本人留学生ですか？

2　私たちはみな日本人ではありません。

3　彼女たちもみな日本人ではありません。

第4课　我是这个学校的学生。

第 5 课　　你 每天 几 点 起床？
Dì wǔ kè　　Nǐ měitiān jǐ diǎn qǐchuáng?

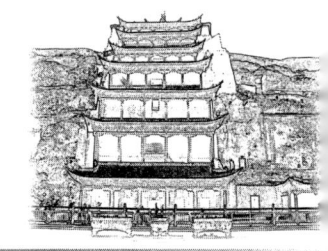

57 A：你 每天 几 点 起床？
　　　　Nǐ měitiān jǐ diǎn qǐchuáng?

　　　B：我 每天 早上 八 点 左右 起床。
　　　　Wǒ měitiān zǎoshang bā diǎn zuǒyòu qǐchuáng.

58 A：你 每天 怎么 去 学校？
　　　　Nǐ měitiān zěnme qù xuéxiào?

　　　B：我 每天 坐 电车 上学。
　　　　Wǒ měitiān zuò diànchē shàngxué.

新出語句

每天 měitiān	名 毎日	早晨 zǎochen	名 早朝
起床 qǐchuáng	動 起床する	上午 shàngwǔ	名 午前
早上 zǎoshang	名 朝	中午 zhōngwǔ	名 正午
八 bā	数 8	下午 xiàwǔ	名 午後
左右 zuǒyòu	助 （数詞や数量詞の後に用いて）…前後。…ぐらい	晚上 wǎnshang	名 夜
		夜里 yèli	名 夜中
怎么 zěnme	代 どのように	早饭 zǎofàn	名 朝食
坐 zuò	動 （乗り物に）乗る。座る	午饭 wǔfàn	名 昼食
电车 diànchē	名 電車	点心 diǎnxin	名 おやつ
上学 shàng xué	動 登校する	晚饭 wǎnfàn	名 夕食
零 líng	数 0	夜宵 yèxiāo	名 夜食。"宵夜 xiāoyè" とも言う
百 bǎi	数 百		
两 liǎng	数 2	早 zǎo	形 時間が早い 名 朝
钟 zhōng	名 時間，時刻を表すことば／二時は"两点钟"	晚 wǎn	形 遅い 名 夜
		安 ān	形 安らか
分 fēn	量 時間の単位	打工 dǎgōng	動 アルバイトをする
秒 miǎo	量 時間の単位	今天 jīntiān	名 今日
整 zhěng	形 ちょうど	回 huí	動 帰る
一刻 yí kè	量 15分。"三刻"で45分	办 bàn	動 する。やる。処理する
半 bàn	名 半	飞机 fēijī	名 飛行機
差 chà	形 足らない。…分前	用 yòng	前 …で。…でもって
现在 xiànzài	名 今。現在		

ポイント

1. 数字

零 líng

一 yī	十一 shíyī	二十一 èrshiyī	…… 九十一 jiǔshiyī
二 èr	十二 shí'èr	二十二 èrshi'èr	九十二 jiǔshi'èr
三 sān	十三 shísān	·	·
四 sì	十四 shísì	·	·
五 wǔ	十五 shíwǔ	·	·
六 liù	十六 shíliù	·	·
七 qī	十七 shíqī	·	·
八 bā	十八 shíbā	·	·
九 jiǔ	十九 shíjiǔ	·	·
十 shí	二十 èrshí	三十 sānshí	一百 yìbǎi

第 5 课 你每天几点起床？

- 数字"一"は電話番号や部屋番号などを言う場合には"yāo"とも発音します。
- 数字"二"は量詞（助数詞）の前に置く場合には"两(liǎng)"を使います（後述）。
- "二十一(èrshiyī)"などのような3音節の数字の場合，真ん中の"十"は"shi"軽声で発音します。
- 十二…九十二 の"二"の前〈'〉は隔音符号（後述）と言います。

1-1 "二"と"两"の使い分け

基本的には"二"は序数で，"两"は基数です。

① "二"は順序を表す時に使います。

  2（èr） 12（shí'èr） 20（èrshí）
  22（èrshi'èr） 32（sānshi'èr） … 92（jiǔshi'èr）

② "两"は量詞（日本語の「助数詞」）の前に使います。
（ポイント2. 時刻の言い方を参照）

  两　分　钟　　　　两　点
  liǎng fēn zhōng　　liǎng diǎn
  （二分間）　　　　（二時）

1-2 隔音符号

"a, o, e"で始まる音節が続いた場合は、その前に〈'〉（隔音符号）で，前の音との切れ目を示します。

  十二　shí'èr　　　　二十二　èrshi'èr
  三十二　sānshi'èr　……　九十二　jiǔshi'èr

2. 時刻の言い方

几点（钟）jǐ diǎn (zhōng)	几分　jǐ fēn	几秒　jǐ miǎo
一点（钟）yì diǎn	（零）一分（líng）yì fēn	（零）一秒（líng）yì miǎo
两点（钟）liǎng diǎn	（零）二分（líng）èr fēn	（零）二秒（líng）èr miǎo
三点（钟）	·	·
四点（钟）		
五点（钟）		
·	（零）九分	（零）九秒
·	十分	十秒
·	·	·
十二点（钟）shí'èr diǎn	五十九分 wǔshijiǔ fēn	五十九秒 wǔshijiǔ miǎo

60

5∶00　五点（整）wǔ diǎn (zhěng)
6∶15　六点一刻 liù diǎn yí kè　　　　六点十五分 liù diǎn shíwǔ fēn
7∶30　七点半 qī diǎn bàn　　　　　　七点三十分 qī diǎn sānshí fēn
8∶45　八点三刻 bā diǎn sān kè　　　　八点四十五分 bā diǎn sìshiwǔ fēn
9∶55　差五分十点 chà wǔ fēn shí diǎn　十点差五分 shí diǎn chà wǔ fēn
　　　九点五十五分 jiǔ diǎn wǔshiwǔ fēn

现在　几　点（钟）？
Xiànzài　jǐ　diǎn (zhōng)?

现在　十　点（整）。
Xiànzài　shí　diǎn (zhěng).

现在　十一　点　一　刻。
Xiànzài　shíyī　diǎn　yí　kè.

现在　差　三　分　十二　点。
Xiànzài　chà　sān　fēn　shí'èr　diǎn.

注意：時刻と時間の使い方

時刻：～点（钟）　　～分　　～秒
時間：～小时（xiǎoshí）　～分钟　～秒钟

例　几点（钟）／何時　　几分／何分　　几秒／何秒
　　几个小时／何時間　　几分钟／何分間　几秒钟／何秒間

你　几　点　打工？　　⇨　两点。
Nǐ　jǐ　diǎn　dǎgōng?

你　打　几　个　小时？　⇨　两个小时。
Nǐ　dǎ　jǐ　ge　xiǎoshí?

3. 食事とあいさつの言い方

	食 事	あいさつ
早晨 zǎochen (早朝) 早上 zǎoshang (朝) 上午 shàngwǔ (午前)	早饭 zǎofàn (朝食)	你好！Nǐ hǎo! 你早！Nǐ zǎo! 早！Zǎo! 早上 好！Zǎoshang hǎo! おはよう！ 您好！Nín hǎo! 您早！Nín zǎo! おはようございます！(敬語)
中午 zhōngwǔ (正午) 下午 xiàwǔ (午後)	午饭 wǔfàn (昼食) 点心 diǎnxin (おやつ)	你好！ 今日は！ (敬語) 您好！
晚上 wǎnshang (夜) 夜里 yèli (夜中)	晚饭 wǎnfàn (夕飯) 宵夜 xiāoyè 夜宵 yèxiāo (夜食)	你好！ 晚上 好！Wǎnshang hǎo 今晩は！ (敬語) 您好！ 晚安！Wǎn'ān! (お休み！)

例　早朝五時　　早晨 五 点　　　　午後二時　　下午 两 点
　　　　　　　　zǎochen wǔ diǎn　　　　　　　xiàwǔ liǎng diǎn

　　午前十時　　上午 十 点　　　　夜八時半　　晚上 八 点 半
　　　　　　　　shàngwǔ shí diǎn　　　　　　　wǎnshang bā diǎn bàn

　　正午　　　　中午 十二 点　　　夜中一時　　夜里 一 点
　　　　　　　　zhōngwǔ shí'èr diǎn　　　　　　yèli yì diǎn

〈書く練習〉

(1) 次の中国語の下にピンインを書きましょう。

　　我 每天 早上 七点 起床, 七点 半 吃 早饭, 八点 去 学校, 中午 十二点 吃 午饭, 下午 四点 三刻 回家, 晚上 六点 左右 吃 晚饭, 十二点 睡觉。

(2) 上の文にならって自分のことを書きましょう。

4. 動作の時点を表す文

時間詞は主語の前か主語の直後に置きます。/ ～に～（を）します

今天 下午 你 打工 吗？
Jīntiān xiàwǔ nǐ dǎgōng ma?

我 每天 早上 七 点 半 吃饭。
Wǒ měitiān zǎoshang qī diǎn bàn chīfàn.

你 晚上 几 点 吃饭？
Nǐ wǎnshang jǐ diǎn chīfàn?

＝ 你 几 点 吃 晚饭？
Nǐ jǐ diǎn chī wǎnfàn?

5. "怎么"の使い方（その1）

怎么 + 動詞（+目的語）? / どのようにして…（を）します

你 每天 怎么 去 学校？
Nǐ měitiān zěnme qù xuéxiào?

你 今天 怎么 回家？
Nǐ jīntiān zěnme huíjiā?

怎么 办？
Zěnme bàn?

这个 怎么 吃？
Zhège zěnme chī?

6. 連動文（その2）

二つの動詞（句）が連用され、前の動詞（句）は後ろの動詞（句）の方法や手段を表します。

我 每天 坐 电车 上学。
Wǒ měitiān zuò diànchē shàngxué.

妈妈 坐 飞机 去 东京。
Māma zuò fēijī qù Dōngjīng.

日本人 用 筷子 吃饭。
Rìběnrén yòng kuàizi chīfàn.

会話練習

（先生の後に次いで3～4回発音練習をし，自分で2～3回発音練習をした後）太字の部分を補充語句で言い換え，仲間と会話練習をしましょう。

61 ①

A：你 今天 几 点 去 学校？
B：我 今天 **下午 一 点 半** 去 学校。

補充語句

（動詞＋目的語）

上学 shàng xué	登校する	上午十点
上课 shàng kè	授業を受ける，授業をする	下午一点
吃 午饭 chī wǔfàn	昼食を食べる	（中午）十二点半
回家 huí jiā	家に帰る	晚上六点

62 ②

A：你 **今天** 打工 吗？
B：我 **今天** 不 打工。

補充語句

（動詞＋目的語）

今晚 jīnwǎn	🈯 今晚	学汉语 xué Hànyǔ	中国語を学ぶ
明天 míngtiān	🈯 明日	上学 shàng xué	登校する
下午 xiàwǔ	🈯 午後	来学校 lái xuéxiào	学校に来る
后天 hòutiān	🈯 あさって	去中国 qù Zhōngguó	中国へ行く

63 ③

A：你 每天 怎么 去 学校？
B：我 每天 **坐 电车** 上学。

補充語句

（動詞＋目的語）

坐 巴士 zuò bāshì	バスに乗る		骑 摩托车 qí mótuōchē	バイクに乗る
坐 地铁 zuò dìtiě	地下鉄に乗る		骑 自行车 qí zìxíngchē	自転車に乗る
走 路 zǒu lù	道を歩く		开车 kāichē	車に乗る。車を運転する
坐 公共汽车 zuò gōnggòng qìchē	バスに乗る			

練習問題

A. 日本語の意味になるように，次の語句を並べ変えなさい。

1　私は毎朝七時ごろに起きます。
　（ 七点　　早上　　起床　　我　　左右　　每天 ）
　_____

2　あなたは何時に晩御飯を食べますか？
　（ 晚饭　　你　　几点　　吃 ）
　_____

3　あなたは夜どうやって家に帰りますか？
　（ 怎么　　你　　回家　　晚上 ）
　_____

B. 次のピンインを漢字（簡体字）に直し，日本語に訳しなさい。

1　Wǒ qí mótuōchē shàngxué.

2　Tā měitiān zǒulù lái xuéxiào.

3　Wǒ xiàwǔ liǎng diǎn dǎgōng.

C. 次の日本語を中国語に訳しなさい。

1　中国人もお箸でご飯を食べます。

2　今はちょうど二時です。

第 6 课　　你的生日是几月几号？
Dì liù kè　　Nǐ de shēngrì shì jǐ yuè jǐ hào?

A：你的生日是几月几号？
　　Nǐ de shēngrì shì jǐ yuè jǐ hào?

B：我的生日是五月七号，
　　Wǒ de shēngrì shì wǔ yuè qī hào,

你呢？
nǐ ne?

A：我是八月一号。
　　Wǒ shì bā yuè yī hào.

A：你今年多大了？
　　Nǐ jīnnián duōdà le?

B：我今年十九岁了。
　　Wǒ jīnnián shíjiǔ suì le.

新出語句

生日 shēngrì	名 誕生日	明年 míngnián	名 来年
月 yuè	名 月	后年 hòunián	名 さ来年
今年 jīnnián	名 今年	前天 qiántiān	名 おととい
多大 duōdà	疑 年齢を聞くとき	昨天 zuótiān	名 昨日
了 le	助 変化を表す	上个星期 shàngge xīngqī	名 先週
多少 duōshao	代 （数量が）どのくらい	下个星期 xiàge xīngqī	名 来週
块 kuài	量 貨幣の単位。正式には"元"	上个月 shàngge yuè	名 先月
钱 qián	名 お金	下个月 xiàge yuè	名 来月
星期 xīngqī	名 曜日。週	岁数 suìshu	名 （人の）年齢
前年 qiánnián	名 おととし	年纪 niánjì	名 （人の）年齢
去年 qùnián	名 去年	生人 shēngrén	動 出生する

ポイント

1. "几"と"多少"

① "几"は答えが10以内と想定された時に使います。それより多い場合は"多少"を使います。但し，年月日や時間表現ではこの限りではありません。（例：几月→12月）

例 几 个 人？（jǐ ge rén?）／何人ですか。
　　多少 人？（duōshao rén?）／どれくらいの人ですか。

② "几"は必ず量詞をすぐ後に置きますし，単独で述語にもなれません。しかし，"多少"はこのような制限がありませんし，単独で述語にもなれます。

例 几 块 钱？（jǐ kuài qián?）／何元ですか。（元：中国の貨幣単位）
　　多少 钱？（duōshao qián?）／いくらですか。

第 6 课　你的生日是几月几号？

2. 年月日と曜日

① （～年）　　一九九三年 yījiǔjiǔsān nián　　一九九五年 yījiǔjiǔwǔ nián
　　　　　　　二〇一四年 èrlíngyīsì nián　　（年号などはつぶ読みにします。）

　　（～年間）　几年 jǐ nián　一年　两年　三年　……　一百年　……

② （～月）　　　几月 jǐ yuè　　　一月　二月　三月　……　十二月
　　（～ヶ月間）　几个月 jǐ ge yuè　一个月　两个月　三个月　……　十二个月　……

③ （～日）　　　几号 jǐ hào　一号　二号　……　三十号　三十一号
　　（～日間）　几天 jǐ tiān　一天　两天　……　三十天　……

④ （～曜日）　星期几 xīngqī jǐ　　　星期一　星期二　…　星期六　星期天／星期日
　　（～週間）　几个星期 jǐ ge xīngqī　一个星期　两个星期　……　五十二个星期

3. 時点の言い方

① 前天 qiántiān　昨天 zuótiān　今天 jīntiān　明天 míngtiān　后天 hòutiān
　　前年 qiánnián　去年 qùnián　今年 jīnnián　明年 míngnián　后年 hòunián

② 上个星期 shàngge xīngqī　这个星期 zhège xīngqī　下个星期 xiàge xīngqī
　　上个月 shàngge yuè　　　这个月 zhège yuè　　　下个月 xiàge yuè

〈書く練習〉次の中国語の下にピンインを書きましょう。

（＊日付や時刻を表す時，"是"は多くの場合省略されます。）

　　今天　是　几　月　几　号？　　⇨　　今天　（是）　三　月　四　号。

　　今天　（是）星期　几？　　　　⇨　　今天　是　星期　四。

　　今年　几　年？　　　　　　　　⇨　　今年　二〇一四　年。

（＊否定の場合は"不是"となり，"不"だけでは否定になりません。）

　　今天　不是　二　月　十二　号。　　　今天　不是　星期　五。

注意 A：你 几 号 去 中国？
　　　　Nǐ jǐ hào qù Zhōngguó?

B：下个 月 二 号 去。
　　Xiàge yuè èr hào qù.

A：去 几 天？
　　Qù jǐ tiān?

B：去 两 天。
　　Qù liǎng tiān.

4. 年齢の聞き方

幼い子供に： 你 几 岁（了）？
　　　　　　 Nǐ jǐ suì (le)?

　　　⇨ 我 六 岁 了。
　　　　 Wǒ liù suì le.

大人に： 你 多大 了？
　　　　 Nǐ duōdà le?

　　　⇨ 我 十八 岁 了。
　　　　 Wǒ shíbā suì le.

年配の方に： 您 今年 多大 岁数 了？
　　　　　　 Nín jīnnián duōdà suìshu le?

　　　＝ 您 今年 多大 年纪 了？
　　　　 Nín jīnnián duōdà niánjì le?

　　　⇨ 我 今年 七十 岁 了。
　　　　 Wǒ jīnnián qīshí suì le.

第 6 课　你的生日是几月几号？　69

会話練習

(先生の後に次いで3〜4回発音練習をし,自分で2〜3回発音練習をした後)太字の部分を補充語句で言い換え,仲間と会話練習をしましょう。

1 A:今天 是 几 月 几 号? 星期 几?
B:今天 是 **二 月 五 号,星期 日**。

补充语句

二月二号	四
五月十一号	五
六月十六号	六
七月八号	天

2 A:你 什么 时候 去 中国? B:**下个 月 二号** 去。
A:去 几天? B:去 **两天**。

补充语句

明天	两个星期
后天	五天
这个星期五	三天
下个星期日	一个月
下个月八号	一年

3 A:你 是 哪年 生人,今年 多大 了?
B:我 是 **一九九三年** 生人,**十九** 岁 了。
(你 是 哪年 生人? → あなたは何年のお生まれですか?)

补充语句

一九九〇	二十二
一九九一	二十一
一九九二	二十
一九九四	十八
一九九五	十七

練習問題

A. 日本語の意味になるように，次の語句を並べ変えなさい。

1 あなたは今年何歳ですか？
（ 今年　年纪　你　了　多大 ）

_____

2 あなたは何時日本に来ますか？
（ 时候　你　日本　什么　来 ）

_____

3 今日は金曜日ではありません。
（ 星期　五　是　不　今天 ）

_____

B. 次のピンインを漢字（簡体字）に直し，日本語に訳しなさい。

1 Wǒ zhège xīngqī liù qù Zhōngguó.

2 Wǒ jīnnián shíjiǔ suì.

3 Qùnián shì èrlíngyīsān nián.

C. 次の日本語を中国語に訳しなさい。

1 あなたは何年のお生まれですか？

2 私は来週の火曜日に中国へ行きます。

第 7 课 这个 包 多少 钱？
Dì qī kè　　Zhège bāo duōshao qián?

A： 这个 包 多少 钱？
　　Zhège bāo duōshao qián?

B： 三百 四十 块 （钱）。
　　Sānbǎi sìshí kuài (qián).

A： 谁 教 你 中文？
　　Shuí jiāo nǐ Zhōngwén?

B： 胡 老师 教 我 中文。
　　Hú lǎoshī jiāo wǒ Zhōngwén.

新出語句

教 jiāo	動 教える	猫 māo	名 猫
个 ge	量 個	鸟 niǎo	名 鳥
问题 wèntí	名 問題	条 tiáo	量 細長いものを数えることば
本 běn	量 冊	裤子 kùzi	名 ズボン
书 shū	名 本	裙子 qúnzi	名 スカート
杂志 zázhì	名 雑誌	毛巾 máojīn	名 タオル
词典 cídiǎn	名 辞書	辆 liàng	量 台
台 tái	量 機械を数えることば	汽车 qìchē	名 自動車
电视（机）diànshì (jī)	名 テレビ	件 jiàn	量 衣類（主として上着）に用いる
双 shuāng	量 二つで一組になるものを数えることば	行李 xíngli	名 荷物
皮鞋 píxié	名 革靴	衣服 yīfu	名 衣服
袜子 wàzi	名 靴下	杯 bēi	量 杯
张 zhāng	量 枚	支 zhī	量 棒状のものを数えることば
车票 chēpiào	名 切符		
照片 zhàopiàn	名 写真	铅笔 qiānbǐ	名 鉛筆
桌子 zhuōzi	名 テーブル	香烟 xiāngyān	名 巻タバコ。"烟 yān"とも言う
床 chuáng	名 ベッド		
把 bǎ	量 取っ手や握りのある器を数えることば	元 yuán	量 貨幣の単位
		角 jiǎo	量 貨幣の単位。"一元"の10分の1
椅子 yǐzi	名 イス		
雨伞 yǔsǎn	名 傘	分 fēn	量 貨幣の単位。"一角"の10分の1
家 jiā	量 家庭や店，企業などを数えることば		
		毛 máo	量 貨幣の単位。"一块"の10分の1
饭店 fàndiàn	名 ホテル。レストラン		
公司 gōngsī	名 会社	千 qiān	数 千
书店 shūdiàn	名 本屋。書店	万 wàn	数 万
只 zhī	量 動物や鳥，虫などを数えることば	借 jiè	動 貸す。借りる
		送 sòng	動 贈る

ポイント

1. 量詞

名詞には特定の量詞を用いて数を数えます。日本語の助数詞にあたります。

个 ge	ほとんどの名詞に	（包	学生	问题 ）
本 běn	書籍類やノートなど	（书	杂志	词典 ）
台 tái	機械類	（电视机	手提电脑	）
双 shuāng	対になっているもの	（筷子	皮鞋	袜子 ）

第 7 课 这个包多少钱？

张	zhāng	紙で作ったもの	（车票	照片		）
		平らな平面を持つもの	（桌子	床		）
把	bǎ	握り部分のあるもの	（椅子	雨伞		）
家	jiā	家庭や店，企業など	（饭店	公司	书店	）
只	zhī	動物や鳥，虫など	（猫	鸟		）
条	tiáo	細長いもの	（裤子	裙子	毛巾	）
辆	liàng	車を数えることば	（自行车	汽车		）
件	jiàn	荷物，衣服など	（行李	衣服		）
杯	bēi	容器で数えるもの	（咖啡	啤酒		）
支	zhī	棒状のもの	（铅笔	香烟		）

語順1：[数詞＋量詞＋名詞]　　　　**語順2：**[指示詞＋数詞＋量詞＋名詞]

例　一　件　衣服　　　　　　　　　例　这（一）件　衣服
　　两　本　书　　　　　　　　　　　　那　两　本　书
　　三　张　车票　　　　　　　　　　　这　三　张　车票
　　四　个　学生　　　　　　　　　　　那　四　个　学生

〈書く練習〉

(1) 次の日本語を中国語に訳しましょう。

　　1　一匹の猫　　　　　＿＿＿＿＿＿＿＿＿＿
　　2　二本のズボン　　　＿＿＿＿＿＿＿＿＿＿
　　3　三杯のコーヒー　　＿＿＿＿＿＿＿＿＿＿
　　4　あのレストラン　　＿＿＿＿＿＿＿＿＿＿
　　5　このテーブル　　　＿＿＿＿＿＿＿＿＿＿
　　6　その靴　　　　　　＿＿＿＿＿＿＿＿＿＿

(2) 次の中国語の下にピンインを書きましょう。

　　1　一　辆　自行车　　　　　2　两　台　手提电脑

　　3　三　条　裤子　　　　　　4　这　把　雨伞

　　5　那　张　照片　　　　　　6　这　台　电视

2. 中国の貨幣単位

　書き言葉： 元　　角　　分（1元 = 10角　　1角 = 10分　　1元 = 100分）

　話し言葉： 块　　毛　　分

　　　例　一元六角八分　＝　一块六毛八分
　　　　　35.27元　＝　三十五块两毛七分

　人民元の種類：　① 紙幣　100元　50元　20元　10元　5元　2元　1元
　(RMB)　　　　　　　　　　　　　5角　2角　1角　5分　2分　1分

　　　　　　　　　② 硬貨　1元　5角　2角　1角　5分　2分　1分

　新台幣の種類：　① 紙幣　2000元　1000元　500元　200元　100元　50元
　(ニュー台湾ドル)
　　　　　　　　　② 硬貨　50元　20元　10元　5元　1元　5角

3. 100以上の数

　　日常生活にかかわりの深い表現ですので，しっかり覚えましょう。

① 数字と数字の間の「ゼロ」が1つ又は2つ，3つの場合は，"零"は1つだけ言います。

　　　102　　　　一百零二
　　　3004　　　 三千零四
　　　50006　　　五万零六

② 数字が2つ続いた場合，最後の"十"，"百"，"千"の位はよく省かれます。"万"は省かれません。

　　　120　　　　一百二（十）
　　　3400　　　 三千四（百）
　　　56000　　　五万六（千）
　　　780000　　 七十八万

③ 上記以外の場合は，一つ一つ忠実に数えます。

　　　1020　　　 一千零二十
　　　30304　　　三万零三百零四
　　　30340　　　三万零三百四十

④ 三桁以上の数字で最後の二桁が 11 ～ 19 の場合，一十一，一十二 … 一十九を言います。

   711   七百一十一
   816   八百一十六
   918   九百一十八

⑤ 200，2000，20000 は"二百""二千""二万"のほかに"两百""两千""两万"の言い方もあります。なお，この時の"百""千"の位は省けません。

  1200 一千二（百）／一千两百 …… 9200 九千二（百）／九千两百
  12000 一万二（千）／一万两千 …… 99200 九万九千二（百）／九万九千两百

＊ 数字の聴き取り練習 ＊

先生や仲間の発音を聞いて書き取りましょう。

 1 ＿＿＿＿＿ 2 ＿＿＿＿＿ 3 ＿＿＿＿＿ 4 ＿＿＿＿＿

 5 ＿＿＿＿＿ 6 ＿＿＿＿＿ 7 ＿＿＿＿＿ 8 ＿＿＿＿＿

4．二重目的語

「主語＋動詞＋間接目的語＋直接目的語」

間接目的語は人，直接目的語は物を指します。"问""教""送""给""借"などのような動詞があります。

  我　教　你们　汉语。
  Wǒ　jiāo　nǐmen　Hànyǔ.

  我　借　他　一　把　雨伞。
  Wǒ　jiè　tā　yì　bǎ　yǔsǎn.

  她　送　我　两　本　书。
  Tā　sòng　wǒ　liǎng　běn　shū.

会話練習

（先生の後に次いで3～4回発音練習をし，自分で2～3回発音練習をした後）太字の部分を補充語句で言い換え，仲間と会話練習をしましょう。

1

A：这个 多少 钱？

B：（这个）**两百**（块钱）。

補充語句

一百六	一千零一十
三百零八	两千五
两百二十二	三千零一十八

2

A：这 把 雨伞 多少 钱？

B：**二十** 块（钱）。

補充語句

这 本 书	五十	那 条 裙子	一百 二十二
那 双 皮鞋	一百	这 双 袜子	三十八
这 张 桌子	一千	那 台 手提电脑	六千

3

A：谁 教 你 中文？

B：**胡** 老师 教 我 中文。

補充語句

井上	Jǐngshàng	井上	吴	Wú	吳
桥本	Qiáoběn	橋本	陈	Chén	陳
真岛	Zhēndǎo	眞島	宋	Sòng	宋

練習問題

A. 日本語の意味になるように，次の語句を並べ変えなさい。

1 このノートパソコンはいくらですか？
（ 这　电脑　多少　台　手提　钱 ）

_____

2 鄭先生は私たちに中国語を教えます。
（ 郑　教　中文　我们　老师 ）

_____

B. 次のピンインを漢字（簡体字）に直し，日本語に訳しなさい。

1 Zhè běn zázhì wǔshiliù kuài qián.

2 Zhège bāo liǎngqiān kuài.

3 Nàge xuésheng xìng Gǔyě.

C. 次の（ ）の中にふさわしい量詞を下から選んで書き込みなさい。

1 一（　）床　　2 两（　）词典　　3 三（　）筷子　　4 那（　）公司

5 这（　）啤酒　6 这（　）汽车　　7 两（　）行李　　8 这（　）毛巾

（ 本　台　双　张　把　家　只　条　辆　件　杯 ）

第 8 课 你最近忙吗?
Dì bā kè　Nǐ zuìjìn máng ma?

76 A: 你 最近 忙 吗?
　　　Nǐ zuìjìn máng ma?

　　B: 我 很 忙。你 呢?
　　　Wǒ hěn máng. Nǐ ne?

　　A: 我 也 是。
　　　Wǒ yě shì.

77 A: 你（的）家 有 几 口 人?
　　　Nǐ (de) jiā yǒu jǐ kǒu rén?

　　B: 我 家 有 三 口 人，有 爸爸、妈妈 和 我。
　　　Wǒ jiā yǒu sān kǒu rén, yǒu bàba、māma hé wǒ.

新出語句

最近 zuìjìn	图 最近。近ごろ	英文 Yīngwén	图 英語
忙 máng	形 忙しい	怎么样 zěnmeyàng	代 どのようですか
很 hěn	副 とても。強く発音されなければ意味はない	没有 méi yǒu	持たない。いない。ない
有 yǒu	動 持っている。いる。ある	姐姐 jiějie	图 姉
口 kǒu	量 人や井戸等を数える時に用いる。"三口人"は三人家族	奶奶 nǎinai	图 父方の祖母
		爷爷 yéye	图 父方の祖父
		外婆 wàipó	图 母方の祖母。"姥姥lǎolao"とも言う
爸爸 bàba	图 父	哥哥 gēge	图 兄
食堂 shítáng	图 食堂	外公 wàigōng	图 母方の祖父。"老爷lǎoye"とも言う
菜 cài	图 おかず。料理		
好吃 hǎochī	形 (食べ物が) 美味しい	妹妹 mèimei	图 妹
难 nán	形 難しい	弟弟 dìdi	图 弟
容易 róngyì	形 易しい	和 hé	前 …と。…に

ポイント

1. 形容詞述語文

中国語では,形容詞を述語にする場合,動詞 "是" のようなものは要りません。しかし,肯定の一文で言い切る時は,"很hěn(とても)" などのような強めの副詞が必要です。否定には "不" を用います。

	主語	述語 副詞	述語 形容詞	語気助詞
"吗"を使った疑問文	你		忙	吗？
肯定文	我	很	忙。	
否定文	我	不	忙。	

食堂 的 菜 好吃 吗？
Shítáng de cài hǎochī ma?

→ 食堂 的 菜 很 好吃。
Shítáng de cài hěn hǎochī.

→ 食堂 的 菜 不 好吃。
Shítáng de cài bù hǎochī.

中文 难 吗？
Zhōngwén nán ma?

→ 中文 很 难。
Zhōngwén hěn nán.

→ 中文 不 难，很 容易。
Zhōngwén bù nán, hěn róngyì.

2. 反復疑問文

主語＋肯定文＋否定文？

你 忙 不 忙？
Nǐ máng bu máng?

食堂 的 菜 好（吃）不 好吃？
Shítáng de cài hǎo (chī) bu hǎochī?

中文 难 不 难？
Zhōngwén nán bu nán?

＊注意：比較文章では，"很"は必要ありません。

他 不 忙，我 忙。
Tā bù máng, wǒ máng.

英文 难，中文 不 难。
Yīngwén nán, Zhōngwén bù nán.

3. 主語 ＋ 怎么样？

你 最近 怎么样？
Nǐ zuìjìn zěnmeyàng?

这 件 衣服 怎么样？
Zhè jiàn yīfu zěnmeyàng?

这 双 皮鞋 怎么样？
Zhè shuāng píxié zěnmeyàng?

4. "有"構文

(1) 所有を表す"有"　　　持っている

否定は"没有"又は"没(有)"を用います。

否定文には，普通は数量詞をつけません。

	主語 (所有者)	述語			語気助詞
		副詞	動詞	目的語	
"吗"を使った疑問文	你		有	词典	吗？
肯定文	我		有	(一本) 词典。	
否定文	我	没	有	词典。	

所有を表す"有"のまとめ

質問：

① 你 有 词典 吗？
　　Nǐ yǒu cídiǎn ma?

② 你 有 没 有 词典？
　　Nǐ yǒu méi yǒu cídiǎn?

③ 你 有 几 本 词典？
　　Nǐ yǒu jǐ běn cídiǎn?

④ 你 有 多少 词典？
　　Nǐ yǒu duōshao cídiǎn?

答え：

　　我 有 词典。
　　Wǒ yǒu cídiǎn.

　　我 有 两 本 词典。
　　Wǒ yǒu liǎng běn cídiǎn.

　　我 没 有 词典。
　　Wǒ méi yǒu cídiǎn.

(2) 存在を表す"有"　　　～には～が(ある／いる)
　　否定は"没有"又は"没(有)"を用います。
　　否定文には,普通は数量詞をつけません。

| | 主語
（場所） | 述語 ||| 語気助詞 |
		副詞	動詞 (有)	目的語 (人／物)	
"吗"を使った疑問文	你们学校		有	日本留学生	吗？
肯定文	我们学校		有	日本留学生。	
否定文	我们学校	没	有	日本留学生。	

① 肯定：

A：你们　学校　有　日本　留学生　吗？
　　Nǐmen xuéxiào yǒu Rìběn liúxuéshēng ma?

B：有。
　　Yǒu.

A：有　多少（日本　留学生）？
　　Yǒu duōshao (Rìběn liúxuéshēng)?

B：有　十六　个。
　　Yǒu shíliù ge.

② 否定：

A：你们　学校　有　日本　留学生　吗？
　　Nǐmen xuéxiào yǒu Rìběn liúxuéshēng ma?

B：没　有。
　　Méi yǒu.

第 8 課　你最近忙吗？　83

5. 家族構成

你 家 有 几 口 人？
Nǐ jiā yǒu jǐ kǒu rén?

我 家 有 四 口 人，有 爸爸、妈妈、姐姐 和 我。
Wǒ jiā yǒu sì kǒu rén, yǒu bàba、māma、jiějie hé wǒ.

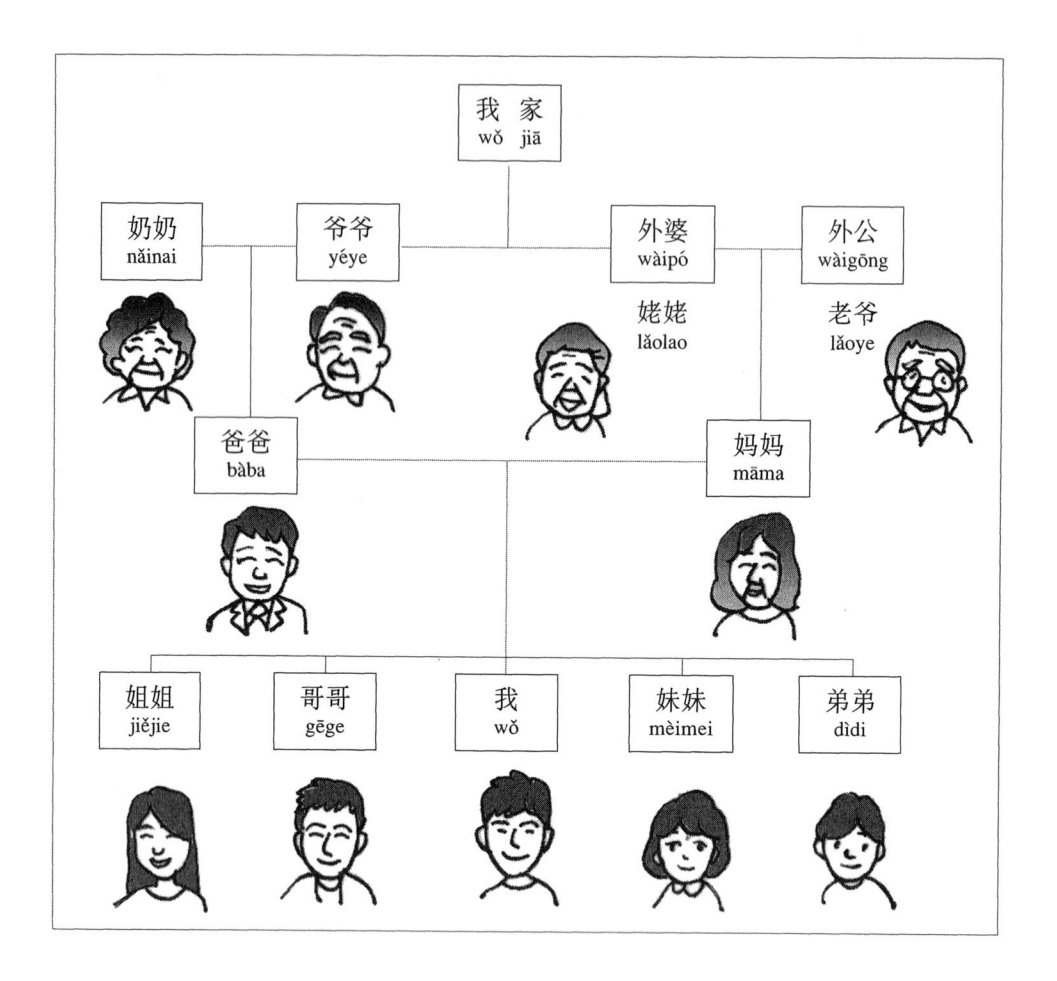

		我 家 wǒ jiā		
奶奶 nǎinai	爷爷 yéye	外婆 wàipó / 姥姥 lǎolao	外公 wàigōng / 老爷 lǎoye	
	爸爸 bàba		妈妈 māma	
姐姐 jiějie	哥哥 gēge	我 wǒ	妹妹 mèimei	弟弟 dìdi

会話練習

(先生の後に次いで3～4回発音練習をし，自分で2～3回発音練習をした後) 太字の部分を補充語句で言い換え，仲間と会話練習をしましょう。

1
A：你 好 吗？
B：我 很 好。

補充語句

| 热 rè | 形 | 暑い | 累 lèi | 形 | 疲れる |
| 冷 lěng | 形 | 寒い | 困 kùn | 形 | 眠い |

2
A：你们 学校 食堂 的 菜 好吃 吗？
B：我们 学校 食堂 的 菜 很 好吃。

補充語句

宿舍 sùshè	图	宿舍	漂亮 piàoliang	形	綺麗だ
食堂 shítáng	图	食堂	远 yuǎn	形	遠い
图书馆 túshūguǎn	图	図書館	大 dà	形	大きい

3
A：这 个 菜 好吃 不 好吃？
B：(这 个 菜) 很 好吃。

補充語句

这个 乌龙茶 wūlóngchá	好喝 hǎohē	形	(飲み物が) 美味しい
这杯 咖啡 kāfēi	苦 kǔ	形	苦い
这个 咖喱饭 gālífàn	辣 là	形	辛い
那杯 奶茶 nǎichá	甜 tián	形	甘い
这件 衣服 yīfu	好看 hǎokàn	形	似合う。格好いい
这台 电脑 diànnǎo	好用 hǎoyòng	形	使いやすい
这张 椅子 yǐzi	好坐 hǎozuò	形	座り心地がいい
这双 皮鞋 píxié	好穿 hǎochuān	形	履きやすい

82 🎧 4 A：你 家 有 几 口 人？
B：我 家 有 三 口 人，有 老爷、妈妈 和我。

🎧 補充語句

四　　爸爸 妈妈 妹妹 和我
五　　外公 外婆 妈妈 哥哥 和我
六　　爷爷 奶奶 爸爸 妈妈 弟弟 和我

83 🎧 5 A：你们 学校 有 日本 留学生 吗？
B：有。
A：有 多少？
B：有 十八 个。

🎧 補充語句

中国　　　　　一百二十个
美国　　　　　二十二个
韩国　　　　　五十六个
台湾　　　　　十二个
印度尼西亚　　两个

練習問題

A. 日本語の意味になるように，次の語句を並べ変えなさい。

1 あなたたちの学校には，中国人留学生がいますか？
（ 学校　中国　你们　有　吗　留学生 ）

_____

2 この服は似合いますか？
（ 好看　衣服　不　这　件　好看 ）

_____

3 私には兄はいませんが，妹が二人います。
（ 我　有　没有　妹妹　哥哥　两个 ）

_____

B. 次のピンインを漢字（簡体字）に直し，日本語に訳しなさい。

1 Wǒ yǒu liǎng běn Hànyǔ cídiǎn.

2 Zhōngwén bù nán, Yīngwén nán.

3 Nǐmen xuéxiào de túshūguǎn dà ma?

C. 次の質問に中国語で答えなさい。

1 你家有几口人？

2 你们学校宿舍漂亮吗？

3 你有几本汉语词典？

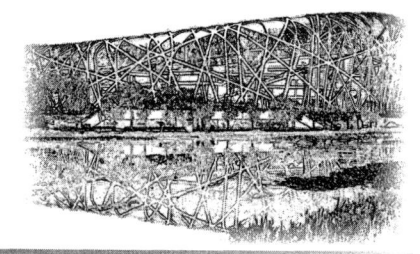

第 9 课 你 在 家 吗？
Dì jiǔ kè Nǐ zài jiā ma?

84
A: 喂，你 在 家 吗？
   Wèi, nǐ zài jiā ma?

B: 我 不 在 家，在 外边。
   Wǒ bú zài jiā, zài wàibian.

85
A: 你 住在 哪里？
   Nǐ zhùzài nǎli?

B: 我 住在 街上。
   Wǒ zhùzài jiēshang.

A: 怎么 不 住 宿舍 呢？
   Zěnme bú zhù sùshè ne?

B: 因为 我 喜欢 热闹 的 地方。
   Yīnwèi wǒ xǐhuan rènao de dìfang.

86
A: 你 中午 在 哪儿 吃 饭？
   Nǐ zhōngwǔ zài nǎr chī fàn?

B: 我 在 学校 食堂 吃。
   Wǒ zài xuéxiào shítáng chī.

新出語句

在 zài	動 いる。ある	站 zhàn	動 立つ
喂 wèi	感 もしもし	告诉 gàosu	動 伝える。教える
外边 wàibian	名 外	这么 zhème	代 このように
住 zhù	動 住む	那么 nàme	代 そのような。そんな
街上 jiēshang	名 街頭。市街地	高兴 gāoxìng	形 嬉しい
怎么 zěnme	代 なぜ。どうして	饿 è	形 腹をすかす
呢 ne	助 疑問文の文末に置き，疑問あるいは反語の語気を示す	听 tīng	動 聴く
		音乐 yīnyuè	名 音楽
因为 yīnwèi	接 〜だから	钓鱼 diàoyú	動 釣りをする
喜欢 xǐhuan	動 好む。好きだ	银行 yínháng	名 銀行
热闹 rènao	形 賑やか	上班 shàngbān	動 出勤する
屋子 wūzi	名 部屋	爱好 àihào	動 （趣味や嗜好として）好む
看 kàn	動 みる。読む	打 dǎ	動 手や道具で物をたたく。打つ
下 xià	動 ゲームをする。打つ		

ポイント

1. 場所や方向を示す語

① 上边 shàngbian　　下边 xiàbian　　左边 zuǒbian　　右边 yòubian

　　前边 qiánbian　　后边 hòubian　　里边 lǐbian　　外边 wàibian

　　东边 dōngbian　　西边 xībian　　南边 nánbian　　北边 běibian

　　旁边 pángbiān

　"边"は"边儿"とも言い，"边"の代わりに"面(儿)"を言うこともあります。

② 1音節語の場合は一般に他の語と組み合わせて使用されます。この時は軽声で発音されます。

　「名詞＋里（li）」　　家里（家の中）　　屋子里（部屋の中）
　　　　　　　　　　　教室里（教室の中）　书包里（カバンの中）
　「名詞＋上（shang）」　黑板上（黒板の上）　桌子上（机の上）

例　教室 里 有 十二 个 学生。
　　桌子 上 有 两 本 书。

第 9 课　你在家吗？　89

2. 存在を表す動詞としての"在"　　否定は"不在"

人／物（特定）＋ "在" ＋ 場所
人／物（特定）は ～ に（いる／ある）

	主語	述語			語気助詞
	人／物	副詞	動詞	目的語	
"吗"を使った疑問文	你		在	家	吗？
肯定文	我		在	家。	
否定文	我	不	在	家。	

他　在　中国。
Tā　zài　Zhōngguó.

日本　在　中国　的　东边。
Rìběn　zài　Zhōngguó　de　dōngbian.

你　的　眼镜　在　那　张　桌子　上。
Nǐ　de　yǎnjìng　zài　nà　zhāng　zhuōzi　shang.

3. 結果補語としての"在"　　「動詞 ＋ "在"」

結果補語とは"坐在""站在""听清楚"等のように，ある動詞の後に動詞や形容詞を付け加えて動作の結果を補う語です。

站在　田甜　右边　的　人　叫　什么　名字？
Zhànzài　Tián Tián　yòubian　de　rén　jiào　shénme　míngzi?

我　住在　学校　外面。
Wǒ　zhùzài　xuéxiào　wàimiàn.

坐在　古野　旁边　的　人　是　谁？
Zuòzài　Gǔyě　pángbiān　de　rén　shì　shuí?

4. "怎么"の使い方（その2）　　"怎么" ＋ "不／没" ＋ 動詞（＋目的語）？

你　怎么　不　去　呢？
Nǐ　zěnme　bú　qù　ne?

你　怎么　不　吃　早饭？
Nǐ　zěnme　bù　chī　zǎofàn?

你　怎么　没（有）　告诉　我　呢？
Nǐ　zěnme　méi(yǒu)　gàosu　wǒ　ne?

その他の表現：

最近 怎么 这么 冷？
Zuìjìn zěnme zhème lěng?

她 怎么 那么 高兴？
Tā zěnme nàme gāoxìng?

5. "因为(yīnwèi)"～"所以(suǒyǐ)"～　　～だから～／～なので～

原因や理由を表す。"所以" と共起することが多い。

因为 他 不 去，所以 我 也 不 去。
Yīnwèi tā bú qù, suǒyǐ wǒ yě bú qù.

因为 我 不 饿，所以 不 想 吃。
Yīnwèi wǒ bú è, suǒyǐ bù xiǎng chī.

6. "喜欢"　　好む／～が好きだ

① 心理活動を表す。

我 （很） 喜欢 你。
Wǒ (hěn) xǐhuan nǐ.

② 趣味や好みを表す。　　主語＋"喜欢"＋動詞＋目的語

我 喜欢 听 音乐。
Wǒ xǐhuan tīng yīnyuè.

我 爸爸 喜欢 钓鱼。
Wǒ bàba xǐhuan diàoyú.

我 妈妈 喜欢 吃鱼。
Wǒ māma xǐhuan chīyú.

7. 「前置詞」としての"在"

（人／物）＋"在"＋場所＋動詞＋目的語
（人／物）は～に／で～をする

我 在 家 吃 早饭。
Wǒ zài jiā chī zǎofàn.

她 在 银行 上班。
Tā zài yínháng shàngbān.

你 中午 在 哪儿 吃 （饭）？
Nǐ zhōngwǔ zài nǎr chī (fàn)?

我 在 食堂 吃。
Wǒ zài shítáng chī.

会話練習

(先生の後に次いで3〜4回発音練習をし，自分で2〜3回発音練習をした後) 太字の部分を補充語句で言い換え，仲間と会話練習をしましょう。

1
A：喂，你 在 哪儿？
B：我 在 **学校**。

補充語句

外边 wàibian
宿舍 sùshè
食堂 shítáng
学校外面 xuéxiào wàimiàn
图书馆 túshūguǎn

教室 jiàoshì　図 教室
车站 chēzhàn　図 駅
地铁站 dìtiězhàn　図 地下鉄駅
机场 jīchǎng　図 空港
星巴克 Xīngbākè　図 スターバックス

2
A：你 住在 哪儿？
B：我 住在 **街上**。

補充語句

学校外面 xuéxiào wàimiàn
那家超市后面 nàjiā chāoshì hòumiàn
学校旁边 xuéxiào pángbiān
宿舍 sùshè

京都 Jīngdū　図 京都
东京 Dōngjīng　図 東京
大阪 Dàbǎn　図 大阪
福冈 Fúgāng　図 福岡

3
A：你 在 哪儿 吃 午饭？
B：我 在 **学校 食堂** 吃。

補充語句

那儿 nàr
麦当劳 Màidāngláo
必胜客 Bìshèngkè

4 A：你 有 什么 爱好？
B：我 喜欢 听 音乐 和 看 电视。

補充語句

逛街 guàngjiē 街をぶらぶらする
购物 gòuwù ショッピング（する）
散步 sànbù 散歩する
看电影 kàn diànyǐng 映画をみる
学中文 xué Zhōngwén
看小说 kàn xiǎoshūo 小説を読む
睡觉 shuìjiào 寝る
吃东西 chī dōngxi 物を食べる
游泳 yóuyǒng 泳ぐ
打网球 dǎ wǎngqiú テニスをする

运动 yùndòng 運動（する）
下围棋 xià wéiqí 碁を打つ
上网 shàngwǎng インターネットを利用する
看漫画书 kàn mànhuàshū 漫画本を読む
打网路游戏 dǎ wǎnglùyóuxì
　　　　　　インターネットゲームをする
爬山 páshān 登山する
网购 wǎnggòu ネットショッピング（する）
钓鱼 diàoyú 釣りをする

練習問題

A. 日本語の意味になるように，次の語句を並べ変えなさい。

1 私は毎日学校の図書館で新聞を読みます。
（ 学校　图书馆　报纸　我　看　每天　在 ）
_____

2 あなたの携帯電話はあのテーブルの上にあります。
（ 在　你　的　桌子上　手机　那张 ）
_____

3 私は毎日家で朝ご飯を食べます。
（ 我　在　每天　吃　家　早饭 ）
_____

B. 次のピンインを漢字（簡体字）に直し，日本語に訳しなさい。

1 Wǒ bú zài xuéxiào, zài wǒ nǎinai jiā.

2 Wǒ xǐhuan shàngwǎng hé kàn diànshì.

3 Jīntiān zěnme zhème lěng?

C. 次の質問に中国語で答えなさい。

1 你 住在 哪里？

2 你 有 什么 爱好？

3 你 在 哪儿 吃 午饭？

第 10 课　你吃饭了吗？
Dì shí kè　Nǐ chī fàn le ma?

A：你 吃 饭 了 吗？
　　Nǐ chī fàn le ma?

B：还 没（吃）。
　　Hái méi (chī).

A：一起 去 食堂 吃 吧。
　　Yìqǐ qù shítáng chī ba.

B：太 好 了。走 吧！
　　Tài hǎo le. Zǒu ba!

新出語句

了 le	接尾 動作の完了を示す 助 事態の変化を表す	顿 dùn	量（食事，忠告などの）動作の回数を表す
还 hái	副 まだ	再 zài	副 〜してから〜
一起 yìqǐ	副 一緒に	下课 xià kè	動 授業が終わる
太 tài	副 とても "太〜了" で「〜すぎる」	客气 kèqi	動 遠慮する
		还是 háishi	副 やはり
刷 shuā	動 磨く	找 zhǎo	動 さがす。訪ねる
牙 yá	名 歯	玩儿 wánr	動 遊ぶ
就 jiù	副 すぐに	只 zhǐ	副 ただ

ポイント

1. 「完了」を表現する "了"

完了形とは，動作の「相」の一つのパターンを表すものです。一つの動作は多くの場合，開始・進行・継続・完了の順に進むと考えられます。これは，過去・現在・未来に進む「時制（テンス）」とは関係がありません。

完了形の表現の仕方は，文の構造により異なりますが，ここで最も簡単な二つの方法を紹介します。

(1)「文末＋"了"」
(2)「動詞＋"了"」

(1)「文末 ＋ "了"」

この "了" は文全体にかかり，その文で述べている事を実現したこと、あるいは新しい変化・状態になったことを表します。

	主語	述語				語気助詞
		副詞	動詞	了	目的語	
"吗" を使った疑問文	你		吃		饭	了 吗？
肯定文	我		吃		（饭）	了。

你 吃 饭 了 吗？
Nǐ chī fàn le ma?

→ 我 吃 （饭） 了。
　 Wǒ chī (fàn) le.

你 刷 牙 了 吗？
Nǐ shuā yá le ma?

→ 我 刷 （牙） 了。
　 Wǒ shuā (yá) le.

次の文は "来" という動作が実現し，なおかつ "〜来了" という新しい変化・状態が発生しました。つまり，「動詞 ＋ "了"」と「文末 ＋ "了"」とが合体した文になります。

电车 来 了。　　（電車が来ました。／電車が来ています。）
他 来 了。　　　（彼は来ました。／彼は来ています。）

(2) 「動詞＋"了"」

　　この"了"は動作が発生した過去・現在・未来に進む「時制（テンス）」とは関係がありません。「動詞＋了＋目的語」では，ふつう文が完結したという感じがしないので，過去完了にも未来完了にもなります。

過去完了を表す文：

① 動詞＋了＋目的語…了（動作がすでに完了したことを表す。／～をした。）

　　昨天 我 吃 了 饭，就 去 她 家 了。
　　Zuótiān wǒ chī le fàn, jiù qù tā jiā le.

② 動詞＋了＋数量詞＋目的語（同上／～をした。）

　　昨天 我 只 吃 了 两 顿 饭。
　　Zuótiān wǒ zhǐ chī le liǎng dùn fàn.

未来完了を表す文：

　　我 吃 了 饭，再 去 你 家。
　　Wǒ chī le fàn, zài qù nǐ jiā.

　　下 了 课，我们 就 去 逛街 吧。
　　Xià le kè, wǒmen jiù qù guàngjiē ba.

　　以上の(1)「文末＋"了"」，(2)「動詞＋"了"」のいずれの方法を使用しても，否定をする時は「"没(有)"＋動詞」の型になり，"了"はなくなってしまいます。

　　我 没 吃 早饭。　　　　　　我 没 去 逛街。
　　我 还 没 吃 早饭。　　　　　我 还 没 去 逛街。
　　Wǒ hái méi chī zǎofàn.　　　Wǒ hái méi qù guàngjiē.

2. "没(有)" と "不"

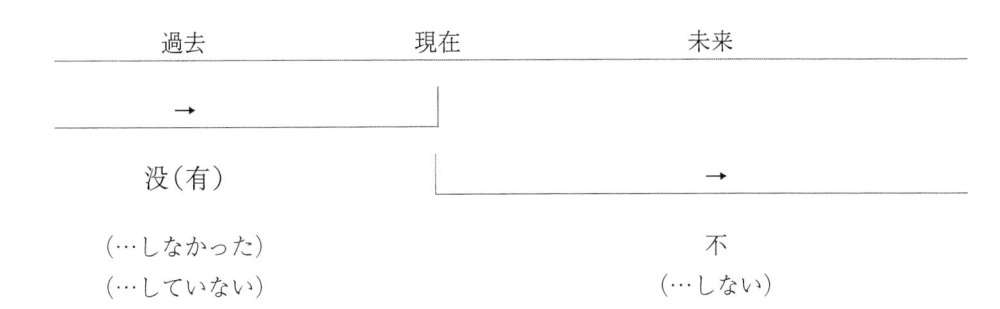

	過去	現在	未来
	→		
	没(有)		→
	(…しなかった)		不
	(…していない)		(…しない)

* "没(有)"は過去から現在まで実現しなかったことや実現していないことを否定する時に使います。
* "不"は現在から未来へ，動作主の意志によって，実現しないことを否定する時に使います。

  昨天 我 没 吃 晚饭。   （昨日，私は晩ご飯を食べなかった。）

  我 还 没 吃 早饭。   （私は朝ご飯をまだ食べていません。）

  我 不 吃 早饭。   （私は朝ご飯を食べません。）

現在の場合：

  没 来 的 学生   （来ていない学生）

  不 来 的 学生   （来ない学生）

注意 反復疑問文（肯定文 ＋ 否定文）は"～了 没有？"で質問をします。

"吗"を使った疑問文 你 吃 饭 了 吗？
 肯定文   我 吃 了。
 否定文   我 没有 吃。
 反復疑問文   你 吃 了 没有（吃）？

3. "太～了"   ～すぎる

  太 好 了。   （やった！良かった！素晴らしい！なによりだ！）

  你 太 客气 了。   （あなたは遠慮しすぎます。）

  太 远 了，还是 不 去 吧。 （遠すぎるから，やはり行かない。）

会話練習

（先生の後に次いで3〜4回発音練習をし，自分で2〜3回発音練習をした後）太字の部分を補充語句で言い換え，仲間と会話練習をしましょう。

1
A：你 吃 饭 了 没(有)？
B：还 没(有)。
A：一起 去(吃) 吧。
B：好 啊！你 想 吃 什么？
A：我 想 吃 **汉堡包**。
B：太 好 了。走 吧。

補充語句

海鲜面 hǎixiānmiàn	海鮮メン	炒饭 chǎofàn	図	焼き飯
匹萨饼 pǐsàbǐng	ピザ	牛肉面 niúròumiàn	図	牛肉メン
小笼包 xiǎolóngbāo	ショウロンポー	意大利面 yìdàlìmiàn	図	スパゲッティ
咖喱饭 gālífàn	カレーライス			

2
A：昨天 你 做 什么 了？
B：昨天 下 了 课，我 就 **去 超市 买 东西** 了。

補充語句

去 逛街	qù guàngjiē	街へぶらぶらしに行く
去 女朋友家 上网	qù nǚpéngyǒujiā shàngwǎng	彼女の家へインターネットをしに行く
去 图书馆 学习	qù túshūguǎn xuéxí	図書館へ勉強しに行く
去 宿舍 找同学	qù sùshè zhǎo tóngxué	宿舎へ同級生を訪ねに行く
去 玩儿	qù wánr	遊びに行く
去 看电影	qù kàn diànyǐng	映画を見に行く
回 家 睡觉	huí jiā shuìjiào	家へ帰って寝る

練習問題

A. 日本語の意味になるように，次の語句を並べ変えなさい。

1 あなたは昼飯を食べましたか。
（ 午饭　吃　你　了　没有 ）

_____

2 授業が終わった後，私は家へ帰って寝たいです。
（ 想　我　下了　回家　课　睡觉 ）

_____

3 遠すぎるから，やはり行きません。
（ 太　去　了　不　还是　远　吧 ）

_____

B. 次のピンインを漢字（簡体字）に直し，日本語に訳しなさい。

1　Wǒ xiǎng chī yìdàlìmiàn.

2　Wǒ qù nǔpéngyǒu jiā wánr.

3　Zuótiān wǒ zhǐ chī le yí dùn fàn.

C. 次の日本語を中国語に訳しなさい。

1　私は朝ご飯を食べません。

2　私は朝ご飯を食べませんでした。

3　私は朝ご飯をまだ食べていません。

単語索引

（新出語句・コラム・補充語句より採録。数字は課数を示す。）

A

爱好	àihào	動	（趣味や嗜好として）好む	9
安	ān	形	安らか	5

B

吧	ba	助	～をしましょう	2
吧	ba	助	推量を表す。～でしょう	4
八	bā	数	8	5
巴黎	Bālí		パリ（フランス）	4
巴士	bāshì	名	バス	5
包	bāo	名	カバン	4
把	bǎ	量	取っ手や握りのある器を数えることば	7
百	bǎi	数	百	5
爸爸	bàba	名	父	8
办	bàn	動	する。やる。処理する	5
半	bàn	名	半	5
报纸	bàozhǐ	名	新聞	2, 4
杯	bēi	量	杯	7
北边	běibian		北	9
本	běn	量	冊	7
便利店	biànlìdiàn	名	コンビニ	1
笔记本	bǐjìběn	名	ノート	4
冰咖啡	bīng kāfēi	名	アイスコーヒー	1
冰淇淋	bīngqílín	名	アイスクリーム	2
冰水	bīngshuǐ	名	おひや	1
必胜客	Bìshèngkè	名	ピザハット	1
不是	búshi		～ではない。いいえ	3
不	bù	副	…しない	1

C

曹	Cáo		曹（中国人の姓）	3
菜	cài	名	おかず。料理	8
差	chà	形	足らない。…分前	5
产业保健系	chǎnyèbǎojiànxì	名	産業保健学科	4
超市	chāoshì	名	スーパー	1, 2
炒饭	chǎofàn	名	焼き飯	10
车票	chēpiào	名	切符	7
车站	chēzhàn	名	駅	9
陈	Chén		陳（中国人の姓）	3
吃	chī	動	食べる	1
床	chuáng	名	ベッド	7
词典	cídiǎn	名	辞書	7

D

打	dǎ	動	手や道具で物をたたく。打つ	9
大	dà	形	大きい	8
大阪	Dàbǎn	名	大阪	9
打工	dǎgōng	動	アルバイトをする	5
蛋糕	dàngāo	名	ケーキ	2
的	de	助	～の	3
德国	Déguó	名	ドイツ	3
德国人	Déguórén		ドイツ人	4
邓	Dèng		鄧（中国人の姓）	3
第	dì	接頭	第。～目	1
点	diǎn	名	…時。書面語では"时shí"を用いる。	2
点心	diǎnxin	名	おやつ	5
电车	diànchē	名	電車	5
电脑	diànnǎo	名	パソコン	4

电视(机)	diànshì(jī)	图	テレビ	7
电影	diànyǐng	图	映画	9
电子工学系	diànzǐgōngxuéxì	图	電子工学科	4
钓鱼	diàoyú	動	釣りをする	9
弟弟	dìdi	图	弟	8
地方	dìfang	图	場所	2
地铁	dìtiě	图	地下鉄	5
地铁站	dìtiězhàn	图	地下鉄駅	9
地图	dìtú	图	地図	4
东边	dōngbian		東	9
东京	Dōngjīng	图	東京	4, 9
东西	dōngxi	图	物。品物	2
都	dōu	副	みんな	4
顿	dùn	量	(食事，忠告などの) 動作の回数を表す	10
多大	duōdà	疑	年齢を聞くとき	6
多少	duōshao	代	(数量が) どのくらい	6

E

| 饿 | è | 形 | 腹をすかす | 9 |

F

法国	Fǎguó	图	フランス	3
法国人	Fǎguórén		フランス人	4
法兰克福	Fǎlánkèfú		フランクフルト (ドイツ)	4
法律系	fǎlǜxì	图	法律学科	4
饭	fàn	图	ご飯	1
饭店	fàndiàn	图	ホテル。レストラン	7
放心食品	fàngxīn shípǐn	图	安全食品	1
飞机	fēijī	图	飛行機	5
分	fēn	量	時間の単位	5
分	fēn	量	貨幣の単位。"一角"の10分の1	7
福冈	Fúgāng	图	福岡	9

G

咖喱饭	gālífàn	图	カレーライス	2
告诉	gàosu	動	伝える。教える	9
高兴	gāoxìng	形	嬉しい	9
个	ge	量	個	7
哥哥	gēge	图	兄	8
公共汽车	gōnggòng qìchē	图	バス	5
公司	gōngsī	图	会社	7
购物	gòuwù	動	ショッピング (する)	9
逛街	guàngjiē	動	街をぶらぶらする	9
贵姓	guìxìng	图	ご名字	3
国际关系学	guójìguānxixué	图	国際関係学	4
果汁	guǒzhī	图	ジュース	2
古野裕介	Gǔyě Yùjiè		古野裕介	3

H

还	hái	副	まだ	10
还是	háishi	接	それとも	1, 4
还是	háishi	副	やはり	10
海鲜面	hǎixiānmiàn	图	海鮮メン	2
韩国	Hánguó	图	韓国	3
汉堡包	hànbǎobāo	图	ハンバーガー	1, 2
汉语	Hànyǔ	图	中国語	4
好	hǎo	形	よい	3
好吃	hǎochī	形	(食べ物が) 美味しい	8
好穿	hǎochuān	形	履きやすい	8
好喝	hǎohē	形	(飲み物が) 美味しい	8
好看	hǎokàn	形	似合う。格好いい	8
好用	hǎoyòng	形	使いやすい	8
好坐	hǎozuò	形	座り心地がいい	8
号	hào	图	日。書面語では"日 ri"を用いる。	2
喝	hē	動	飲む	1

単語索引 103

何	Hé		何（中国人の姓）	3
和	hé	副	…と。…に	8
很	hěn	副	とても。強く発音されなければ意味はない	8
红茶	hóngchá	名	紅茶	1
后边	hòubian		後（ろ）	9
后面	hòumiàn		後（ろ）	9
后年	hòunián	名	さ来年	6
后天	hòutiān	名	あさって	5
胡	Hú		胡（中国人の姓）	3
花茶	huāchá	名	ジャスミンティー	2
回	huí	動	帰る	5
回家	huí jiā	動	家に帰る	5

J

机场	jīchǎng	名	空港	9
几	jǐ	代	いくつ。少ない数を問う	2
家	jiā	名	家	2
家	jiā	量	家庭や店，企業などを数えることば	7
加拿大	Jiānádà	名	カナダ	3
加拿大人	Jiānádàrén		カナダ人	4
件	jiàn	量	衣類（主として上着）に用いる	7
江	Jiāng		江（中国人の姓）	3
教	jiāo	動	教える	7
角	jiǎo	量	貨幣の単位。"一元"の10分の1	7
叫	jiào	動	（名前，呼び名を）〜という	3
教室	jiàoshì	名	教室	9
街上	jiēshang	名	街頭。市街地	9
姐姐	jiějie	名	姉	8
借	jiè	動	貸す。借りる	7
京都	Jīngdū	名	京都	9
经济系	jīngjìxì	名	経済学科	4
今年	jīnnián	名	今年	6
今天	jīntiān	名	今日	5
今晚	jīnwǎn	名	今晩	5
井上	Jǐngshàng		井上（日本人の姓）	7
就	jiù	副	すぐに	10
橘子汁	júzizhī	名	オレンジジュース	2

K

咖啡	kāfēi	名	コーヒー	1
开	kāi	動	（車を）運転する	5
开车	kāichē	動	車に乗る。車を運転する	5
看	kàn	動	見る。観る	9
课	kè	名	課。授業	1
可可	kěkě	名	ココア	2
课本	kèběn	名	教科書	4
可乐	kělè	名	コーラ	1
客气	kèqi	動	遠慮する	10
口	kǒu	量	人や井戸等を数える時に用いる。"三口人"は三人家族	8
苦	kǔ	形	苦い	8
块	kuài	量	貨幣の単位。正式には"元"	6
筷子	kuàizi	名	箸	2
矿泉水	kuàngquánshuǐ	名	ミネラルウォーター	1
困	kùn	形	眠い	8
裤子	kùzi	名	ズボン	7

L

辣	là	形	辛い	8
来	lái	動	来る	2
姥姥	lǎolao	名	母方の祖母	8
老师	lǎoshī	名	先生	3
老爷	lǎoye	名	母方の祖父	8
了	le	接尾	動作の完了を

			示す 助 事態の変化を表す	10
了	le	助	変化を表す	6
累	lèi	形	疲れる	8
冷	lěng	形	寒い	8
两	liǎng	数	2	5
辆	liàng	量	台	7
里边	lǐbian		中	9
零	líng	数	0	5
留学生	liúxuéshēng	名	留学生	3
绿茶	lǜchá	名	緑茶	1
伦敦	Lúndūn		ロンドン（イギリス）	4
罗马	Luómǎ		ローマ（イタリア）	4
绿色食品	lǜsè shípǐn	名	自然食品	1

M

吗	ma	助	…か	1
马	Mǎ		馬(中国人の姓)	3
买	mǎi	動	買う	2
麦当劳	Màidāngláo	名	マクドナルド	1
妈妈	māma	名	母さん	3
曼谷	Màngǔ		バンコク（タイ）	4
漫画书	mànhuà shū	名	漫画本	4
忙	máng	形	忙しい	8
芒果	mángguǒ	名	マンゴー	1
猫	māo	名	猫	7
毛	máo	量	貨幣の単位。"一块"の10分の1	7
毛巾	máojīn	名	タオル	7
帽子	màozi	名	帽子	4
没有	méi yǒu		持たない。いない。ない	8
美国	Měiguó	名	アメリカ	3
美国人	Měiguórén		アメリカ人	4
每天	měitiān	名	毎日	5
妹妹	mèimei		妹	8
面	miàn	名	麺類	1
面包	miànbāo	名	パン	2
秒	miǎo	量	時間の単位	5
明年	míngnián	名	来年	6
明天	míngtiān	名	明日	5
名字	míngzi	名	（姓に対する）名	3
摩托车	mótuōchē	名	バイク	5

N

哪个	nǎge	代	"哪一个"の略。どれ／どの	4
那个	nàge	代	"那一个"の略。それ／あれ	4
那里	nàli	代	そこ／そちら	4
那儿	nàr	代	そこ／そちら	4
奶茶	nǎichá	名	ミルクティー	1
奶奶	nǎinai	名	父方の祖母	8
哪里	nǎli	代	どこ	2
那么	nàme	代	そのような。そんな	9
难	nán	形	難しい	8
南边	nánbian		南	9
哪儿	nǎr	代	どこ	2
呢	ne	助	…は	2
呢	ne	助	疑問文の文末に置き，疑問あるいは反語の語気を示す	9
你	nǐ	代	あなた	1
你们	nǐmen	代	あなたたち	1
年级	niánjí		学年 例：一年生／一年級	4
年纪	niánjì	名	（人の）年齢	6
鸟	niǎo	名	鳥	7
您	nín	代	あなた。"你"の敬称	1
您早	nín zǎo		おはようございます	3
牛奶	niúnǎi	名	牛乳	2
牛肉面	niúròumiàn	名	牛肉メン	10
纽约	Niǔyuē		ニューヨーク	4

単語索引　105

P

爬山	páshān	動	登山する	9
旁边	pángbiān		側。横	9
啤酒	píjiǔ	名	ビール	2
皮鞋	píxié	名	革靴	7
匹萨饼	pǐsàbǐng	名	ピザ	1
票	piào	名	切符	2
漂亮	piàoliang	形	綺麗だ	8
苹果汁	píngguǒzhī	名	リンゴジュース	2

Q

骑	qí	動	（自転車、バイク等）またがって乗る	5
桥本	Qiáoběn		橋本（日本人の姓）	7
铅笔	qiānbǐ	名	鉛筆	7
钱包	qiánbāo	名	財布	4
起床	qǐchuáng	動	起床する	5
企业管理系	qǐyèguǎnlǐxì	名	経営学科	4
汽车	qìchē	名	自動車	4, 7
汽水	qìshuǐ	名	サイダー	2
千	qiān	数	千	7
钱	qián	名	お金	6
前边	qiánbian		前	9
前年	qiánnián	名	おととし	6
前天	qiántiān	名	おととい	6
请问	qǐngwèn	動	すみませんが。ちょっとお尋ねしますが	3
去	qù	動	行く	1
去年	qùnián	名	去年	6
裙子	qúnzi	名	スカート	7

R

热	rè	形	暑い	8
热咖啡	rè kāfēi	名	ホットコーヒー	1
人	rén	名	人	2
热闹	rènao	形	賑やか	9
日本	Rìběn	名	日本	3
日本人	Rìběnrén		日本人	3
容易	róngyì	形	易しい	8
肉包子	ròubāozi	名	肉まんじゅう	2

S

散步	sànbù	動	散歩する	9
上课	shàng kè	動	授業を受ける。授業をする	5
上学	shàng xué	動	登校する	5
上班	shàngbān	動	出勤する	9
上边	shàngbian		上	9
上个星期	shàngge xīngqī	名	先週	6
上个月	shàngge yuè	名	先月	6
上网	shàngwǎng	動	インターネットを利用する	9
上午	shàngwǔ	名	午前	5
社会环境系	shèhuìhuánjìngxì	名	社会環境学科	4
生人	shēngrén	動	出生する	6
生日	shēngrì	名	誕生日	6
什么	shénme	代	何	2
时候	shíhou	名	時。時刻	2
食堂	shítáng	名	食堂	8
是	shì	動	～である	3
是的	shìde		そうです	3
首尔	Shǒu'ěr		ソウル（韓国）	4
手表	shǒubiǎo	名	腕時計	3
手机	shǒujī	名	携帯電話	4
手提电脑	shǒutídiànnǎo	名	ノートパソコン	4
书	shū	名	本	7
书包	shūbāo	名	学生用かばん	3
书店	shūdiàn	名	本屋。書店	7
刷	shuā	動	磨く	10
双	shuāng	量	二つで一組になるものを数えることば	7
谁	shuí	代	誰	2
睡觉	shuìjiào	動	寝る	9
司马	Sīmǎ		司马（中国人の

			姓)	3
宋	Sòng		宋(中国人の姓)	3
送	sòng	動	贈る	7
岁数	suìshu	名	（人の）年齢	6
孙	Sūn		孙(中国人の姓)	3
宿舍	sùshè	名	宿舎	8

T

他	tā	代	彼	1
她	tā	代	彼女	1
它	tā	代	それ。あれ	1
太	tài	副	とても。"太～了"で「～すぎる」	10
台	tái	量	機械を数えることば	7
泰国	Tàiguó	名	タイ	3
泰国人	Tàiguórén		タイ人	4
台湾	Táiwān	名	台湾	3
它们	tāmen	代	それら。あれら	1
他们	tāmen	代	彼ら	1
她们	tāmen	代	彼女たち	1
套餐	tàocān	名	定食。セットメニュー	1
田	Tián		田(中国人の姓)	3
甜	tián	形	甘い	8
田甜	Tián Tián		中国人の姓と名	3
条	tiáo	量	細長いものを数えることば	7
听	tīng	動	聴く	9
同班同学	tóngbān tóngxué		クラスメート	3
图书馆	túshūguǎn	名	図書館	8
土豆片	tǔdòupiàn	名	ポテトチップス	1

W

袜子	wàzi	名	靴下	7
外边	wàibian		外	9
外公	wàigōng	名	母方の祖父。"老爷lǎoye"とも言う	8
外面	wàimiàn		外	9
外婆	wàipó	名	母方の祖母。"姥姥lǎolao"とも言う	8
玩儿	wánr	動	遊ぶ	10
晚	wǎn	形	遅い 名 夜	5
晚饭	wǎnfàn	名	夕食	2,5
王	Wáng		王（中国人の姓)	3
网购	wǎnggòu	動	ネットショッピング（する）	9
网路游戏	wǎnglùyóuxì	名	インターネットゲーム	9
网球	wǎngqiú	名	テニス	9
晚上	wǎnshang	名	夜	5
万	wàn	数	万	7
喂	wèi	感	もしもし	9
围棋	wéiqí	名	碁	9
问题	wèntí	名	問題	7
我	wǒ	代	私	1
我们	wǒmen	代	私たち	1
渥太华	Wòtàihuá		オタワ（カナダ）	4
屋子	wūzi	名	部屋	9
吴	Wú		呉(中国人の姓)	3
午饭	wǔfàn	名	昼食	5
乌龙茶	wūlóngchá	名	ウーロン茶	1

X

西边	xībian		西	9
西瓜	xīguā	名	スイカ	1
系	xì	名	（大学の）学部。学科	4
下	xià	動	ゲームをする。打つ	9
下课	xià kè	動	授業が終わる	10
下边	xiàbian		下	9
下个星期	xiàge xīngqī	名	来週	6
下个月	xiàge yuè	名	来月	6
现在	xiànzài	名	今。現在	5
想	xiǎng	動	思う。～したい	

中文	ピンイン	品詞	意味	課
小笼包	xiǎolóngbāo	名	ショウロンポー	2
小说	xiǎoshuō	名	小説	9
下午	xiàwǔ	名	午後	5
香烟	xiāngyān	名	巻タバコ。"烟yān"とも言う	7
谢谢	xièxie		ありがとう	1
喜欢	xǐhuan	動	好む。好きだ	9
新德里	Xīndélǐ		ニューデリー（インド）	4
星巴克	Xīngbākè	名	スターバックス	9
行李	xíngli	名	荷物	7
星期	xīngqī	名	曜日。週	6
新加坡	Xīnjiāpō	名	シンガポール	3
新加坡人	Xīnjiāpōrén		シンガポール人	4
学	xué	動	学ぶ	2
学习	xuéxí	動	勉強する	10
学生	xuésheng	名	学生	4
学校	xuéxiào	名	学校	4

Y

中文	ピンイン	品詞	意味	課
牙	yá	名	歯	10
雅加达	Yǎjiādá		ジャカルタ（インドネシア）	4
眼镜	yǎnjìng	名	メガネ	4
要	yào	動	要る。〜したいと思う	2
也	yě	副	も	2
夜里	yèli	名	夜中	5
夜宵	yèxiāo	名	夜食。"宵夜xiāoyè"とも言う	5
爷爷	yéye	名	父方の祖父	8
一刻	yí kè	量	15分。"三刻"で45分	5
意大利	Yìdàlì	名	イタリア	3
意大利面	yìdàlìmiàn	名	スパゲッティ	10
意大利人	Yìdàlìrén		イタリア人	4
衣服	yīfú	名	衣服	7
一块儿	yíkuàir	副	一緒に	2
印度	Yìndù	名	インド	3
印度尼西亚	Yìndùníxīyà	名	インドネシア	3
印度尼西亚人	Yìndùníxīyàrén		インドネシア人	4
印度人	Yìndùrén		インド人	4
英国	Yīngguó	名	イギリス	3
英国人	Yīngguórén		イギリス人	4
英文	Yīngwén	名	英語	8
银行	yínháng	名	銀行	9
因为	yīnwèi	接	〜だから	9
音乐	yīnyuè	名	音楽	9
一起	yìqǐ	副	一緒に	10
医学系	yīxuéxì	名	医学部・医学科	4
椅子	yǐzi	名	イス	7
用	yòng	前	…で。…でもって	5
有	yǒu	動	持っている。いる。ある	8
右边	yòubian		右	9
游泳	yóuyǒng	動	泳ぐ	9
远	yuǎn	形	遠い	8
元	yuán	量	貨幣の単位	7
月	yuè	名	月	6
运动	yùndòng	動	運動（する）	9
雨伞	yǔsǎn	名	傘	7

Z

中文	ピンイン	品詞	意味	課
在	zài	動	いる。ある	9
再	zài	副	〜してから〜	10
咱们	zánmen	代	相手を含めた私たち	1
早	zǎo	形	時間が早い	
		名	朝	5
早晨	zǎochen	名	早朝	5
早饭	zǎofàn	名	朝食	2,5
早上	zǎoshang	名	朝	3,5
杂志	zázhì	名	雑誌	4,7
怎么	zěnme	代	どのように	5
怎么	zěnme	代	なぜ。どうして	9
怎么样	zěnmeyàng	代	どのようですか	8
炸鸡块	zhájīkuài	名	フライドチキン	1
站	zhàn	動	立つ	9

张	Zhāng		張(中国人の姓)3	
张	zhāng	量	枚	7
找	zhǎo	動	さがす。訪ねる	10
赵	Zhào		趙(中国人の姓)3	
照片	zhàopiàn	名	写真	7
炸薯条	zháshǔtiáo	名	フライドポテト	1
炸土豆条	zhátǔdòutiáo	名	フライドポテト	1
这个	zhège	代	"这一个"の略。これ／それ	4
这里	zhèli	代	ここ／こちら	4
这儿	zhèr	代	ここ／こちら	4
这么	zhème	代	このように	9
真岛	Zhēndǎo		眞島(日本人の姓)	7
整	zhěng	形	ちょうど	5
郑	Zhèng		鄭(中国人の姓)3	
只	zhī	量	動物や鳥,虫などを数えることば	7
支	zhī	量	棒状のものを数えることば	7
只	zhǐ	副	ただ	10
钟	zhōng	名	時間,時刻を表すことば／二時は"两点钟"	5
中国	Zhōngguó	名	中国	2
中国人	Zhōngguórén		中国人	4
中文	Zhōngwén	名	中国語	2
中午	zhōngwǔ	名	正午	5
住	zhù	動	住む	9
诸葛	Zhūgě		諸葛(中国人の姓)	3
桌子	zhuōzi	名	テーブル	7
自行车	zìxíngchē	名	自転車	4,5
走	zǒu	動	歩く	2
走路	zǒu lù	動	道を歩く	5
最近	zuìjìn	名	最近。近ごろ	8
左边	zuǒbian		左	9
左右	zuǒyòu	助	(数詞や数量詞の後に用いて)…前後／…ぐらい	5
昨天	zuótiān	名	昨日	6
坐	zuò	動	(乗り物に)乗る。座る	5
做	zuò	動	する	2
座位	zuòwei	名	座席	4

著　者

井上　貴仁（元九州国際大学教授）

|CD付| 仲間と楽しむ中国語

2014年3月25日　初版発行
2017年3月25日　2刷発行

著　者　　井上貴仁
発行者　　佐藤康夫
発行所　　白 帝 社
　　　　〒171-0014　東京都豊島区池袋2-65-1
　　　　電話　03-3986-3271
　　　　FAX　03-3986-3272（営）／03-3986-8892（編）
　　　　http://www.hakuteisha.co.jp

組版／柳葉コーポレーション　　印刷／倉敷印刷　　製本／若林製本

Printed in Japan〈検印省略〉6914　　　　ISBN978-4-86398-139-3
＊定価は表紙に表示してあります